规则唯治思

刘素华 / 著

中国法制出版社
CHINA LEGAL PUBLISHING HOUSE

前言

中华人民共和国成立70年、改革开放40多年的建设发展，使我国在各方面取得举世瞩目的成就。这些伟大成就的取得，是依托国家政治、经济、文化、社会以及行政体制不断深化改革实现的。改革完善各项制度是保证国家建设发展的基本前提，1978年中国开始改革开放，推进法制建设，加快国家各项制度的建设，其中国家治理理念的不断完善和发展，为国家制度的完善和发展提供了方向，在理念上从社会主义计划经济思想，到有计划的社会主义市场经济即商品经济的认识，再到社会主义市场经济思想，一路走来，思想是主导，制度是保障，发展是根本。党的十六大明确提出了全面建设小康社会的奋斗目标，经济更加发展、民主更加健全、科教更加进步、文化更加繁荣、社会更加和谐、人民生活更加殷实；党的十七大提出了科学发展观，强调以人为本、统筹兼顾、全面协调可持续发展等；党的十八大进一步提出全面建成小康社会和深化改革开放的目标，十八届四中全会作出了全面推进依法治国的决定，明确社会主义法治体系包括党内法规体系，表明党中央推进依法治国、依法治党的决心；党的十九大提出习近平新时代中国特色社会主义思想，坚持以人民为中心的新发展理念、坚持生态文明、推进绿色发展等。党的历次全会确定的指导思想，前后相连，一脉贯通。国家建设发展和治理中的关键问题，前后相连接，逐步推进，如 1997 年党的十五大提出建设社会主义法治国家的战略思想，到党的十九大强调法治国家、法治政府、法治社会一体建设。每次全会都提出了新思想、新目标、新要求，为国家建设发展指明前进方向，保证了国家持续稳定的发展和进步。一定层面上，也体现了国家近 20 年采取各种改革举措，限制公权力、完善国家制度和公权力运行机制体制等，不断推进政治文明和法治文明建设，彰显国家不断加强和完善对公民的宪法权利的保护，切实提高基本民生保障水平。同时，也反映了在近 20 年的国家建设和发展中，一些公共治理问题，特别是国家治理体系和治理能力现代化建设方面的问题，未来仍然需要全社会持续努力。如本书 2001 年 11 月 2 日发表在《工人日报》的《让守法成为我们的生活方式》谈到“良法”治理，2003 年 11 月 23 日发表在《南方都市报》的《加强法律意识杜绝拖欠民工工资》，仍然是今天法治建设和国家治理要面对的重大现实问题，在 2020 年春节前三天，有农民工找到笔者求助，希望帮助讨要被企业拖欠的 10 个月的 37 万元工资，没有这笔工资整个工程队的工人回不了家，过不了年。可见现实中，加强法治建设和增强尊法、守法意识任重道远。

本书收集的文章从依法治国、保障公民基本权益、依法依规从严治党和完善国家公权力运行机制等具体社会治理问题切入，结合笔者研读党的十六大到十九届四中全会报告的精神和一些党的方针政策文件，深刻理解党的每次全会报告的每一句话背后是深厚的思想理论和大量客观现实问题的支撑。用全会报告精神解读现实问题，先后写了本书中的多篇时评，笔者作为一个法学人基于对不同社会问题的思考，以法治国家建设进步的基本脉络，记录了国家法治、党内法规制度建设、从严治党和公民基本权益保障等现实状态，客观反映了笔者当时写文章时的真实想法和认知水平，也印证了笔者的学术思想发展脉络。

本书由四部分组成：党的领导和国家治理方向，主要从国家发展的宏观角度，分析现实中存在的问题和解决的对策；宪法意识与公民基本权利，主要从宣传学习宪法、提高公民基本权利意识、推进国家基本权利保障制度进步等层面，对现实中的一些具体案件进行分析，提出问题的解决思路；从严治党与预防腐败，主要是结合20年来党的历届全会精神和党内法规制度的制定，从不断完善干部制度，用制度推进全面从严治党，预防腐败，严格问责，保护国家利益、人民利益，保护干部，保护国家人力资源等角度有感而发的特约撰稿；责任政府和国家治理，主要从政府积极履职，限制公权力滥用，保护公民基本权利，实现公共行政目标等层面，分析国家治理中存在的问题，需要完善的一些机制体制。

本书主要围绕政府履职运行公权力和法治建设保护私权利展开的，既有学理阐述，也有实践案例分析和相关法律法规、党法党规资料的汇集论证，可作为学术文章研读也可作为资料翻阅。书名与多位学人讨论，商榷再三，定为现名。

目 录

CONTENTS

①第一部分　党的领导与国家治理方向

2 第二部分　宪法意识与公民基本权利

3 第三部分　从严治党与预防腐败

4 第四部分 责任政府与国家治理

第一部分

党的领导与国家治理方向

新时代干部队伍素质是国家治理能力的核心要素

【本文写作背景：党的十九届四中全会召开后，中央党校（国家行政学院）习近平新时代中国特色社会主义思想研究中心鼓励老师们给“四报一刊”投稿。笔者当时结合学习十九届四中全会报告的体会，理论联系实际，想写篇文章，笔者认为，党的十九届四中全会提出的，中国特色社会主义制度优势和推进国家治理体系和治理能力现代化的13项制度，关键是要有一支落实这些制度的干部队伍，没有好的干部队伍，好的制度也会大打折扣，国家治理水平和治理能力就难以提高。根据建党近100周年和中华人民共和国成立70周年的历史经验看，在党的领导下，组织建设一支干部队伍，政治立场坚定、业务本领过硬、执行能力高效，就能在国家治理中，很好地贯彻落实党的方针政策，实现党的执政宗旨，带领中国人民拼搏奋斗，保证国家建设不断进步，干部队伍素质是国家治理能力的核心要素。基于这样的思考，写了这篇文章，2019年12月刊发在《浙江日报》上。本文增补了一些内容，并对个别字句做了调整。】

党的十九届四中全会从国家治理的战略层面提出，“把提高治理能力作为新时代干部队伍建设的重大任务。通过加强思想淬炼、政治历练、实践锻炼、专业训练，推动广大干部严格按照制度履行职责、行使权力、开展工作，提高推进‘五位一体’总体布局和‘四个全面’战略布局等各项工作能力和水平”，明确了干部队伍治理能力的具体内涵。提高干部队伍治理能力要着重从以下几方面推进：

一、遵守制度是新时期提高干部队伍治理能力的根本保证

在现代国家，国家治理是通过一系列的制度运行实现的，党的十九届四中全会作出《中共中央关于坚持和完善中国特色社会主义制度、推进国家治理体系和治理能力现代化若干重大问题的决定》(以下简称《决定》)，明确了坚持和完善中国特色社会主义制度是推进国家治理体系和治理能力现代化的制度前提。

首先，中国特色社会主义制度是国家基本制度，是党领导中国人民，组建人民军队，经过浴血奋战，驱逐外强，消灭内乱，在全国人民的支持下取得新民主革命胜利，经过长期实践探索建立起来的科学制度体系。国家治理的一切工作都是依照社会主义制度展开实施的，坚持中国特色社会主义制度是推进国家治理体系和治理能力现代化的基本保证，要求必须造就一支政治立场坚定、政治觉悟高的干部队伍。我们党通过领导制定党章、宪法和法律，已经建立起国家治理的各项制度，形成了比较完整的国家治理体系。习近平总书记指出：“中华人民共和国成立70年来，

我们党领导人民不断探索实践，逐步形成了中国特色社会主义国家制度和法律制度，为当代中国发展进步提供了根本保障，也为新时代推进国家制度和法律制度建设提供了重要经验。中国特色社会主义国家制度和法律制度是一套行得通、真管用、有效率的制度体系，这是我们坚定‘四个自信’的一个基本依据。”[①] 遵守党的组织制度，坚定了我们的政治信仰；执行党的群众路线制度，使党获得人民拥护；坚持人民代表大会制度这一根本政治制度，保障了人民当家作主的权利。遵守各项制度，保证干部队伍在履职尽责过程中，牢记我们党的立党初心和历史使命，始终坚持以人民为中心，全心全意为人民服务，保证了我国沿着中国特色社会主义道路不断前进，不断取得伟大成就，实现党领导下的国家治理目标。

其次，遵守党领导下的干部选拔任用制度，为更多受到良好教育、执行能力强、踏实苦干的优秀人才进入干部队伍提供了平等的人才选拔保障，是凝聚国家治理力量的重要制度。经干部制度选拔出来的队伍在国家建设和改革中，发挥模范带头作用，促进国家快速发展和进步，树立了党和政府的权威，赢得了人民支持；他们在履职中，落实中央“五位一体”总体布局和“四个全面”战略布局，将党的意志和人民共同意志相统一，保证了全国人民跟党走，心往一处想，劲往一处使，完善了国家治理体系，提高了治理能力。

最后，遵守国家各项制度，是国家有序运行的基础，保证了干部队

---

① 《继续沿着党和人民开辟的正确道路前进 不断推进国家治理体系和治理能力现代化》，载《人民日报》2019年9月25日。

伍发挥革命、建设和改革的主心骨作用。通过执行选举制度和各级人民代表大会制度，一定比例的党员干部依法进入国家机构的重要岗位，构筑起干部队伍的骨架，在国家治理、社会治理活动中，引领和保证全国“一盘棋”，在国家遇到重大自然灾害和公共危机时，党员干部发挥领导和带头作用，组织和实施救灾救险，充分发挥中国特色社会主义制度集中力量办大事的优越性，实现国家力量的效益最大化。遵守制度也保证了干部队伍依法用权，避免国家权力滥用和低效率运行，进而不断推进国家和区域治理体系和治理能力现代化。

二、坚定政治立场是提高干部队伍治理能力的根本要求

在国家治理中，掌握公权力的干部队伍，是保证国家政权性质的根本力量，直接展示国家治理体系和治理能力的水平。

首先，在思想方面，干部队伍必须坚定马克思主义政党的政治立场，牢记全心全意为人民服务的宗旨，始终遵守党章和宪法确立的民主集中制原则，遵循在中央的统一领导下，充分发挥地方的主动性、积极性的原则。在运行公权力治理国家和社会事务中，加强思想淬炼、政治历练。要在大是大非面前做到立场坚定，遵守组织原则，懂规矩守纪律，坚持下级服从上级、全党服从中央，坚定“两个维护”，保证马克思主义政党本色，奠定国家安全和稳定的基础。提高国家凝聚力、民族向心力，带领全国人民心往一处想、劲往一处使，实现国家发展治理效益的最大化。

其次，坚定政治立场，还要保证干部队伍在思想上坚持正确的政治方向，抵御各种西方错误思潮，不被各种意识形态的虚假表象所迷惑，保持清醒的政治头脑，不断提高应对各种国际和国内复杂形势的能力，保证国家治理和发展的正确方向。只有这样，党员干部才能继续带领人民创造经济快速发展和社会长期稳定的奇迹，切实提高人民群众的幸福感、获得感、安全感。

最后，坚持正确的政治立场，保证和带领广大人民群众坚定不移走中国特色社会主义道路，持续促进社会生产力的发展，奠定了取得今天改革开放伟大成就的社会基础。干部队伍正确的政治立场，在宏观层面保证了国家发展方向的正确，在微观层面保证了脚踏实地谋发展提高人民生活水平，取得了今天惠及全国人民的成就，解决了14亿人口的温饱，保障了14亿人口的生存权、发展权的实现，做出了古今人类史上最伟大的贡献。

三、运用法治思维是提高干部队伍治理能力的重要指标

干部队伍是我们党实现领导权和执政权的力量主体，干部队伍的思维方式决定了我们党对国家的领导路径。党的十八届四中全会提出，要抓住立法、执法、司法机关各级领导班子建设这个关键，突出政治标准，把善于运用法治思维和法治方式推动工作的人选拔到领导岗位上来，法治思维和法治方式成为判断一个党员干部政治水平和工作能力的基本条件。党的十九届四中全会再次强调："各级党和国家机关以及领导干部要

带头尊法学法守法用法，提高运用法治思维和法治方式深化改革、推动发展、化解矛盾、维护稳定、应对风险的能力。”[①] 表明了我们党坚持依法治国和依法执政的国家治理理念，从制度基础上维护中国特色社会主义道路和巩固党的执政地位。

首先，法治思维决定了党员干部遵法守法的基本意识，也决定了领导干部在具体履职中运用法律治理公共事务的能力和治理水平。党员干部善于运用法治思维和法治方式说明国家治理中的法治程度高，依法治理水平高，反之亦然。

其次，宪法和法律都是在党的领导下，通过法定程序制定的，遵守宪法和法律确定的各项制度，维护宪法和法律权威，实质上就是维护了党的政治权威，并使党的政治权威通过法律权威得到强化，政治权威和法律权威相互促进，共同提高依法治国水平。坚持党的领导和中国特色社会主义制度是党章和宪法明确规定的，干部队伍具有法治思维，在履职时，就会自觉遵守党章和宪法，坚持党的领导，坚持社会主义制度，发挥法的预防性、制约性功能，保证干部在公共治理活动中正当合理用权，抑制权力腐败，从根本上维护党的政治权威和推进依法执政，实现公共治理目标。党的十九届四中全会《决定》再次强调，“坚持和完善中国特色社会主义法治体系，提高党依法治国、依法执政能力”，必须“坚持宪法法律至上，健全法律面前人人平等

① 《中共中央关于坚持和完善中国特色社会主义制度、推进国家治理体系和治理能力现代化若干重大问题的决定》辅导读本，人民出版社 2019 年版，第 16 页。

保障机制，维护国家法制统一、尊严、权威，一切违反宪法法律的行为都必须予以追究”，[①]要求党领导下的干部队伍，在行动上必须自觉维护宪法和法律权威。从培养法治思维和法治方式入手，引导干部队伍从法治角度判断自己履职行为的合法性、正当性，提高干部队伍的法治意识和法治能力，进而推进国家治理体系和治理能力现代化。

四、加强专业训练是提高干部队伍治理能力的业务要求

信息化时代，社会分工向精细化、科技化和专业化方向发展，社会管理的专业技术含量日益提高，这就要求承担公共职能的干部队伍必须不断提高专业化水平。党的十九届四中全会指出，提高干部队伍的治理能力要从加强“实践锻炼、专业训练”切入。

首先，要树立干部队伍坚持专业化治理的治国理念。专业化治理是国家治理现代化的基础，不同社会领域要求不同的专业技术人员实施公共治理，特别是在专业技术含量高的业务领域，精准的专业训练是有效实施公共治理的基本条件，干部的专业素质直接决定实际治理效果。

其次，在提高干部队伍治理能力的实践中，要丰富干部队伍接受基层锻炼和专业训练的经历，保证干部熟悉国情、社情和民情，在具体实施治国理政行为时，有的放矢，做到上级决策接地气，基层实践有依据。

最后，提高干部队伍治理能力要从培养专业型干部切入。这是一个

① 同上，第15页。

系统化、长期性的工程，中央组织部从国家战略层面连续制定了两个“五年全国干部教育培训规划”，通过干部培训制度保障干部的专业培训，保证我们党始终拥有一支政治立场坚定、专业化水平高的干部队伍，落实党的历史使命，不断满足人民群众对美好生活的向往、促进生产关系适应生产力的发展要求，保证国家长期稳定、持续发展。

总之，要以执行制度为根本保障，以政治立场为引领，以法治思维为切入点，以实践锻炼和专业训练为业务要求，提高干部队伍的治理能力，进而推进国家治理体系和治理能力现代化。

（原载《浙江日报》，2019 年 12 月 9 日）

新发展理念与建设现代化国家的关系

【本文写作背景：党的十九大召开后，全党全社会都在积极学习，媒体也积极宣传十九大的精神。笔者当时认为党的十九大报告最重要的内容之一就是提出了新发展理念。理念决定方向、道路，正确的理念是国家发展的基础，党的十九大以党的全会报告的形式要求全党全社会必须重视发展中的生态文明建设，对抑制损害生态环境的短效、粗放式的发展理念和方式有重要意义。当时《中国档案报》从宣传解读十九大报告精神的目的约稿，笔者就写了本文，在2017年12月7日的《中国档案报》头版刊出，收录本书时略作修改。】

现代化国家建设离不开新发展理念，发展道路的选择决定了现代化国家的建设进程。我国进入了新时代，已经全面开启建设社会主义现代化国家的新征程。新时代下，现代化国家建设按照新时代的要求、标准实施。对此，党的十九大报告从两个层面阐述了建设现代化国家的新发展理念。在国家基本方略层面，立足国家整体建设，强调坚持新发展理念，指明发展是解决我国一切问题的基础和关键，提出“三步走”战略目标；在经济领域，提出建设现代化经济体系的目标，从六个方面阐述了经济领域新发展理念的具体内容。两个层面的新发展理念，分别从宏观战略层面和微观具体层面为建设现代化国家指明了方向和路径，提出了实现中华民族伟大复兴中国梦的实践走向。

一、现代化国家的含义

建设现代化国家，首先要明确现代化的内涵，其次要选取合适的路径达到现代化的目标。除了工业现代化，社会意识领域的精神文化现代化更是新时代下现代化国家的重要内涵。工业现代化能够用具体的硬性指标、有形的实物来表现，而无形的精神现代化的社会意识和精神文化，是判定社会文明程度和人民幸福生活指数的现代化指标。现代化是一个完整体系，包括思想现代化、管理现代化、技术现代化、政治制度现代化、经济制度现代化等。思想现代化是灵魂，管理现代化和技术现代化是两翼，政治、经济制度现代化是赖以生存和发展的基础。只有上述各方面都达到了现代化的水平，才代表国家进入现代化阶段。现代化不是一蹴而就的，有一个循序渐进、螺旋上升的过程。根据马克思主义理论在中国实践的新发展成果，改革开放后，我们党走出了一条符合马克思历史唯物史观的中国发展道路，提出了建设现代化国家“三步走”的战略目标。第一步走的战略阶段是改革开放 30 年，解决人民基本生存和温饱。第二步走的战略阶段是人民生活总体上达到小康水平，实现中国人民富起来的目标。这两个目标均已基本实现。在此基础上，我们党提出，第三步走的战略阶段是到中华人民共和国成立100年时，我国社会整体的现代化水平上升到新高度，国家治理水平、社会文明程度、公民素质、法治化程度等都达到今天难以比拟的高度，各种社会要素集合在一起形成高度物质文明、政治文明、精神文明和社会文明的现代化国家，确立我国现代化国家的地位。

二、建设现代化国家的基本方略——新发展理念

建设现代化国家是我党确定的国家治理的战略方向和目标，需要有正确的发展理念做指导。党的十九大提出的新发展理念是建设现代化国家的重要指导思想。我国确立了建设现代化国家“三步走”的发展战略，在现代化国家第一步走的战略发展阶段，重视经济发展和经济建设。有一些地方重视发展经济时，忽略了经济的可持续发展问题，在一定程度上减耗了改革开放和经济发展的成效，如粗放式的矿山开采对环境的破坏，导致后期恢复环境时付出的高昂经济代价甚至超过当时由粗放式开采带来的经济效益。同时，有些地方只强调经济发展，不重视对企业的引导、管理和监督，导致经济领域快速发展的状况下，有些地方出现社会道德和精神文明退步的现象，如在经济利益诱惑下，生产销售劣质食品引发的公共安全等问题。党的十九大报告提出的两个层面的新发展理念，将从根本上解决全面发展问题，因此，在建设中国特色社会主义现

代化国家第二步走的战略阶段，用新发展理念调整发展方式、指导第二步走战略阶段的工作，决定着现代化国家的建设进程。

（一）坚持创新、绿色、协调、开放、共享的发展理念

人类的生存发展依托于自然环境和社会环境，“地球村”和“宇宙村”的形成，说明人类之间、人类与环境之间是相互依存、相互作用的，人类彼此之间的依存度越来越高。为保证人类和中国社会的持续永恒发展，党的十九大报告在国家战略发展上，强调了中国要坚持创新、绿色、协调、开放、共享的发展理念，突出了可持续发展与人类环境共享权的重要性。“创新、绿色”要求坚持中国特色社会主义理论体系中的科学发展观，要有改变旧事物、旧格局的创新能力，保障人民当前利益和未来利益的均衡有序发展，实现代际平衡。“开放、共享”强调全面协调共同发展，表现为人民共享发展成果和与人类共享发展成果。在国内，首先要实现共同富裕，实现社会公平平等，满足人民对美好生活的需要；其次对人类，构筑人类命运共同体，促进人类的共同发展和进步，推动国家现代化的早日到来。

（二）坚持社会主义基本经济制度和分配制度

现代化国家首先是人民实现对美好生活的追求，并保证人民具有不懈地追求美好生活的动力。对此，党的十九大报告强调，“坚持和完善我国社会主义基本经济制度和分配制度，毫不动摇巩固和发展公有制经济，毫不动摇鼓励、支持、引导非公有制经济发展，使市场在资源配置

中起决定性作用，更好发挥政府作用”。强调建设现代化国家，必须坚持中国特色社会主义道路，坚持保护宪法规定的公有制为主体、非公经济为组成部分的市场经济和按劳分配的经济制度，确认社会财富格局的合法性和获得财富的法治规则，保护不同社会阶层创造社会财富的动力，增强国内经济发展的内在驱动力，通过激发每个社会主体的发展动力，建立有利于每个社会成员享有平等机会创造财富、获得财富和拥有财富，维护社会公平，促进人类文明进步的制度，助推中国特色社会主义现代化国家建设进程。

（三）坚持走“新四化”道路

关于建设现代化国家的具体标准，党的十九大报告提出了“推动新型工业化、信息化、城镇化、农业现代化同步发展”的“新四化”理念。在大数据时代，公共治理、公共服务、公共秩序和各类经营性组织、机构、企业的运行都依托于网络数据，“新四化”与网络科技结合在一起，信息化成为显著特点。“新四化”与20世纪80年代提出的工业、农业、国防和科技现代化的“四化”相比，突出了“新型”特点。“新四化”更强调人与人之间的平等性，互联网的技术特性保障了人类平等实现表达权利和接受信息的权利，保障每个人有机会和途径对国家建设发表意见和建议，实现人民主体地位，深入贯彻以人民为中心的发展观。信息化提升了公民对国家治理的参与度，促进了政治文明、社会文明的发展，改变了传统治理模式下公民参与国家治理的路径，并作用于经济文明，促进经济现代化。城镇化使更多人从科技落后的农业社会进入工业社会、信息化社会，直接推进现代化国家进程。

（四）坚持全球化和高层次开放型经济

现代化国家的重要标志就是拥有高度文明的政治、经济、社会、文化制度和运行机制，能不断吸纳人类新思想、新成果，促进本国整体发展，提高现代化水平。对此，党的十九大报告提出了“主动参与和推动经济全球化进程，发展更高层次的开放型经济，不断壮大我国经济实力和综合国力”的发展理念，指明我国未来的发展应立足本国，走向全球，以开放促进步，谋取人类共同发展，在推动我国经济走向国际、提高自身经济能力、促进国家强盛的同时，成为全球经济的参与者和推动者。该理念与“创新、协调、绿色、开放、共享”理念相呼应，体现了在建设现代化的过程中，中国共产党对全人类的担当精神。

三、经济领域新发展理念

根据马克思主义政治经济学原理，经济是基础，是一切发展的保证，是满足人民美好生活的基础条件。坚定发展经济是根本导向，选择正确的发展路径实现预期社会效益是发展经济的价值目标。总结改革开放40多年的经验教训，粗放型的经济发展方式在促进我国经济快速发展的同时，也导致了生态破坏、资源浪费等一系列社会治理问题。今天我们清楚地意识到，国家经济发展方式已经到了转折点，党的十九大报告从六个方面指明了建设现代化经济体系的具体路径。

（一）深化供给侧结构性改革

针对经济下行和经济发展中出现的问题，党的十九大报告明确要求“建设现代化经济体系，必须把发展经济的着力点放在实体经济上，把提高供给体系质量作为主攻方向，显著增强我国经济质量优势”，强调我国经济的发展模式由过去的重数量转变为重质量。要实现转变，核心要从制度供给切入，真正深化供给侧结构性改革，通过改革政府体制机制，摆脱制度结构对经济发展的约束与抑制，解决供给侧的问题，以制度改革保证政府向经济主体供给更优的公共服务产品，特别是大数据和网络信息服务，使公民和企业有更多的自由选择，修补经济发展中的短板，以政治文明和法治、民主、秩序等进步为根本力量，推动和保障经济发展，实现建设现代化经济体系的目标。

（二）加快建设创新型国家

经济发展要能够创造财富和较快积累财富，占据经济发展链条的高端位置是关键，而要占据经济的高端位置，领先科技、不断创新是根本手段。对此，党的十九大报告指明“创新是引领发展的第一动力，是建设现代化经济体系的战略支撑”。现代化经济体系是现代化国家的经济保障和重要组成要素，创新支撑现代化经济的实现，同时也是现代化国家的支撑点，建设创新型国家是建设现代化国家的前提条件。

（三）实施乡村振兴战略

我国是一个农业人口占多数的国家，无论是在物质文明程度还是精神文明程度上，绝大多数的中国乡村与城市相比都有一定差距，有的甚至差距很大。从哲学理论上讲，意识决定行为，只有树立实施乡村振兴战略理念，才能在行动上发展中国乡村，因此，培养乡村民众的振兴战略理念成为营建现代化国家的基本条件。党的十九大报告对实施乡村振兴战略的内容进行了较全面的阐述，从农村基本经济制度、土地制度、产权制度、自治制度和粮食安全的国家战略等方面提出，要让农民先富裕起来，然后强起来，才能走向现代化。

（四）实施区域协调发展战略

从现代化的基本标准上讲，国家现代化是指一国的各种组成要素满足整体社会公共治理的高标准要求，不存在乡村与城市、经济发达地区与欠发达地区的差异。现实中，由于自然条件和社会环境等因素的影响，中国的区域间发展很不平衡，有的区域间发展差距较大，严重影响整体现代化的发展进度。因此，确立“实施区域协调发展战略”，保证区域间平等共同发展、保证公民权利与自由的平等实现，是现代化国家的重要指标。

（五）加快完善社会主义市场经济体制

我国加快完善社会主义市场经济体制的前提是坚持中国特色社会主

义道路，坚持党的领导，坚持人民民主专政，坚持马克思列宁主义、毛泽东思想。这是我国社会主义市场经济体制区别于西方市场经济体制的本质特征，同时市场经济的实质是法治经济，在坚持四项基本原则的前提下，依法完善社会主义市场经济体制，调动市场自由选择机制、有序竞争机制、资源配置机制、金融机制等，激发市场活力，既落实宪法确认的人民主权原则，也落实我党为人民谋利益的执政宗旨和党的各项方针政策，从经济活动和社会生产力角度，推进国家制度完善，提高现代化的综合指数，推进现代化国家建设进程。

（六）推动形成全面开放新格局

经济是社会发展的最直接动力，也是最具活力的社会进步力量。党的十九大报告强调建设社会主义经济现代化体系的理念之一是推动形成全面开放格局。这就要求以经济为切入点，吸纳多元主体进入，形成利益共享和共赢格局，推动自我和合作伙伴共同发展。在共同发展中，形成新规则和新格局，推动全方位开放，直接推助现代化国家进程。

（原载《中国档案报》，2017 年 12 月 7 日）

以实践科学发展观促进司法公正

【本文写作背景：从20世纪末持续至今，司法公正问题广受社会关注，多起司法腐败案件的曝光，加剧了司法公信力的贬损。笔者认为，若想解决司法腐败和司法不公正的问题，关键还是法官的思想认识问题，司法改革设计再多制度，若缺乏正确的思想认识，制度也就形同虚设，结合党的十七大提出的科学发展观思想思考司法公正，撰写了本文。本书出版时，笔者结合党的十八大、十九大的思想进行了补充。】

自从有人类群居活动的存在，就有了人类对公正的追求。社会发展到现代，公正已是人类社会追求的最基本的价值目标之一，而司法作为现代社会裁判是非的重要标准，已成为判定一个社会整体公正度的根本象征。公正体现的是社会不同利益体之间经过利益博弈，各利益体之间寻求的一种平衡，当这种平衡能够被各利益体接受时，就成为当时社会认可的公正。司法裁判的过程和结果要以体现这种公正为目标，司法裁判才能是公正司法。司法公正问题是从党的十六大、十七大、一直到党的十九届四中全会报告都强调的国家治理的重要问题。司法公正是在贯彻落实科学发展观的大背景下强调的。今天看司法公正，必须在“实践科学发展观”和贯彻党的十八届四中全会关于全面依法治国决定、十九大和十九届四中全会报告的前提下，坚持人民利益至上，维护宪法和法律权威，推进司法公正。

一、司法公正要体现科学发展观“以人为本”的核心内涵

司法公正是通过对个案的公正裁判体现出来的，而个案总是和具体人的切身利益相关。在个案中，司法机构面对不同的社会个体，平等、公正地适用法律，做到对个体公民权益与自由的尊重，是体现“以人为本”的第一步。每个案件都做到以人为本，最终实现“人民利益至上”。在平等公正适用法律的前提下，司法裁判人员要正确把握和领会法律的立法要旨和实质，确立法律是为人服务，是在自然法则的状态下为了更好地保护人的权益才制定的人定法的法律意识。在人定法出现漏洞、滞后于社会客观现实的情况下，司法裁判要秉承立法意图和立法精神，不能简单地以适用人定法的法律条文作为对抗人的权利和自由实现的理由，要避免类似“同居者不签字，医院不做手术，导致孕妇胎儿死亡”（2007年十大宪法事件之一）事件在司法裁判领域的出现。司法体现“以人为本”，是实现司法公正的第二个层面的要求，是对司法公正的更高

层次的要求，也是人民利益至上的要求。只有把书面的、无生命的法律条文和有生命的立法意图、立法精神结合起来，把抽象的法律条文放到人文因素、客观现实因素和政治秩序综合环境中适用，司法裁判过程的公正和结果的公正，才能真正实现司法公正。

二、司法公正要体现经济、社会和人的全面协调可持续发展

司法作为运行司法裁判权给人的权益和自由提供保障空间的重要手段，司法权的运行过程、运行方式和运行结果对人的发展和社会、经济、文化的协调发展的影响是不容低估的。首先，在司法权的运行过程中，在对个案的裁判过程中，为个体创造的权利与自由发展的空间，不得以损害公共利益、整体权利和自由发展为代价。为人的发展创造的公平自由空间，不应是为个别少数人的利益，也不应是为少数人的发展而创造的，而应是为了不断满足全体人民对美好生活的追求，健康安全和全面发展的需要而创造的。其次，个体的发展与整体的发展在总的价值取向上应是一致的。当个体权益与整体权益或公共利益在发展过程中出现冲突时，根据宪法比例原则的适当性、必要性、均衡性的要求，整体利益和公共利益优先，但保障的整体利益和公共利益应该是最大化的，而因此受到损害的个体利益应该是最小化的，且获取的整体利益和公共利益一定要大于权益和自由受损的所有个体的现实的和将来的潜在利益之和。只有这样，个体发展和整体发展的需求才能取得一致，人的能力发展和人性的自我实现才能够得到可持续

发展。司法只有为人类整体的发展和个性发展创造一个能够公平地保障和分配具体权利义务的平台，且是具有良好社会正义效果的空间时，才能通过个案公正实现社会整体的公正，最终促进经济、社会与人的全面协调可持续发展。

三、司法公正要体现政治文明

加强对司法权的监督和司法权运行过程的监督，保障公民知情权、监督权和自由表达的实现，是体现国家政治文明的重要标志。司法公正首先要建立和完善人民对司法权运行状况的监督机制。按照我国现行法律制度，人民代表大会是权力监督机构，检察院是专门的法律监督机构。从国家机制层面看，人民代表大会是国家权力机关，对司法权的运行进行监督；检察机关是法定监督机关，代表国家行使监督职责。2018 年的宪法修正案明确规定监察委员会是国家监察机关，对司法权行使监察职能。这三类监督机构从不同角度相互协调配合，监督司法权，发挥自己的作用和功能，构成国家政治文明生活的一部分。其次，要保证司法公正，除了国家机制方面的监督，来自社会、公众、民主党派、公共组织、新闻媒体等的监督，不可缺少，这些非国家机构的监督机制发挥作用，是推进国家政治文明提高的重要手段。司法公正表明国家的政治文明程度高。司法公正是一个多方关系互相作用的过程，司法公正需要多方关系参与后的多元评价，需要考虑社会正义效果和历史检验价值。党的十七大、十八大要求贯彻落实科学发展观，推进政治建设，党的十九大和十九届四中全会要求以制度推进国家治理体系和治理能力现代化，表明国家政治文明程度的不断发展和提高。政治文明的提高是从源头上解决司法不公的重要措施。司法权运行过程能够做到司法公正，实际是直接体现国家的政治文明程度，是实践科学发展观的重要表现，也是党的十八大以来党领导人民统筹推进“五位一体”总体布局，协调推进“四个全面”的重要保障。

总之，司法公正从多方面体现科学发展观的战略思想，是保障基本权利、自由、秩序，推进民主法治，促进社会可持续发展和推进依法治国，提高国家治理体系和治理能力现代化的重要手段。

（原载《学习时报》，2009 年 5 月 18 日）

党员干部要学会从网络上听取民意

【本文写作背景：进入21世纪，互联网在中国快速发展，为公民行使监督权提供了一个便捷有效的平台，网络上针对政府和官员的各种批评帖子增多。《中国青年报》和《人民日报》等几家媒体就这个问题采访笔者并约稿，本文是在《中国青年报》采访内容的基础上，整理成文后由《人民日报》刊出的。网络是一把双刃剑，既能发挥积极的监督作用，也能传播谣言、虚假信息，蛊惑民众，制造网络突发事件。这就要求各级党政干部要有一个良好心态，正确对待网络监督，要直面网络监督，有则改之，无则加勉，以促进和提高公共治理能力和治理水平。】

2009年新年伊始，《人民日报》与人民网的一项调查显示，87.9%的网民非常关注网络监督；当遇到社会不良现象时，99.3%的网民选择网络曝光。联想到2008年南京"天价烟"事件、浙江温州和江西新余"公务员公费出国旅游”事件、2020年的抗击新冠疫情期间武汉红十字会不及时发放捐赠物质、山东考生陈春秀被顶替上大学等一系列网络监督案例，让我们不得不承认，数量庞大、无所不在的网民正在成为重要的监督力量，对政府行为发挥纠偏作用。截至2020年3月中旬，我国网民规模达9.04亿，互联网普及率为64.5%。[①] 可以说，网络监督正成为引人注目的有效监督方式。它已成为畅达民意，维护权益，鞭挞腐败便捷而有效的手段。

一、网络成为民众监督平台

互联网的普及，改变着人们的生活方式，也包括政治生活方式。互联网的开放性、匿名性、互动性等特征，为公民提供了更为自由、即时、充分的意见表达空间。“人人都是传播者”，普通网民轻松拥有了网络话语权，通过网络表达对社会事务甚至对政府、官员的意见和建议。互联网出现前，群众只能靠写信、上访或来访提意见反映自己的心声，还常常担惊受怕。而在互联网的环境下，民众可以直接在网上“短、平、快”地发表自己的看法，在虚拟世界既不必考虑关系网的瓜葛，也不用因担心遭到报复而遮遮掩掩，没有心理负担，可以大胆地把自己的观点表露出来。

① 《第45次中国互联网络发展状况报告》，中国互联网络信息中心，http：//www.cnnic.net.cn/..20200428_70974.htm，最后访问时间：2020年5月25日。

从这层意义上说，网络的发展不仅是一场信息革命，也是政治民主必然要经历的发展进程。通过网络这条倾听民意的重要渠道，党和政府可以借助民众的力量完善干部管理机制，完善党员的纪律约束机制和司法惩戒机制，提高干部队伍的素质，推进国家治理能力和治理水平现代化。

如今，许多政府官员感觉工作压力加大，官不好当了。因为网络的普及，有无数双眼睛监督着政府公共治理。政府官员的施政行为随时处在公众的监督之下，有些人感觉有压力，是因为履职行为稍有差池就会引起网民的关注，让政府官员的施政行为不敢抱有侥幸心理。现在网络的普及和监督的高效率，已经促使很多政府官员改变了行为方式，履职行为更加自律，不敢随便越权，成了公众面前的“玻璃人”。坦坦荡荡依法履职，踏实做事，有效提高了政府的公共治理水平，进而推进国家治理体系和治理能力的提高。

二、网络监督加强了党和政府与民众的沟通

网络的普及，促使政府官员学会从网络上听取民意。今天网络问政，已是一些政府部门和人民群众直接沟通的渠道，通过网络问政，政府积极回应民众质疑，消除民众不满和不理解，将政府履职过程置于民众监督之下，加强了政府官员与民众之间的沟通、理解，有利于社会稳定。应对网络的能力，已成为新时期政府官员的一项基本素质。

民众监督政府官员履职情况，是宪法赋予的公民基本权利。在互联网出现前由于资讯不发达，一些地方发生的政府官员不依法履职、损害人民群众的恶性事件往往会被控制在一定的区域内，许多社会问题被掩盖了，而网络的普及使得许多问题显性化和全网化。对公共治理中，暴露出的问题，要直面问题，才能解决问题，若采取封、堵、躲、压的做法，永远解决不了问题，且当问题积累到一定程度，易引发现实社会的公共危机和风险，网络已经成为民众信念和意志表达的出口，这在某种程度上说，有利于社会稳定。假如让一种意见长期处于沉默状态而得不到抒发，就会产生社会心理压抑，到了一定时候，比如突发事件或矛盾冲突发生时，就可能引发社会动荡。

网络只是一个意见表达平台，它既可以监督政府，也可以支持政府。汶川地震时，中国政府迅速的救灾反应得到国内外的肯定，网络对地震灾情的迅速传播，使得人们纷纷关注并积极支援地震灾区，还有今年的新冠肺炎疫情，全国人民通过网络了解武汉情况，使全国人民立刻支援武汉需要的医疗防护救助物资，最终武汉取得抗击新冠肺炎疫情的胜利，这就是网络的正面作用。

有些官员总是把老百姓放在自己的对立面来看，总觉得老百姓是“刁民”，而没有从深层次去考虑为什么会出现这种问题。主要原因是当地政府没有认真听取老百姓反映的意见和建议，没有认真为老百姓服务，对老百姓的利益诉求不予重视，推诿、扯皮、不作为，甚至采取打压态度。长此以往，在有的地方就造成了部分党政干部与民众对立的局面，影响党和政府在人民心中的权威性。一个开明的、先进的政府是不怕老百姓揭发问题、提出问题的，老百姓提出政府在公共治理中存在的问题，这在根本上有利于促进政府正确用权，帮助政府改进公共治理措施，提高公共治理能力和治理水平，实现政府行政管理预期目标。

三、及时公开准确信息消除网络负面影响

网络的开放性，使网络有自身的弱点，那就是网上信息的准确性无法核实。有些不实信息，经网络广泛传播后，混淆人们的视听，影响国家正常的政治和经济生活秩序。还有的人出于种种目的，在网上对政府和政府的政策加以诽谤和诋毁，蛊惑民众产生对政府的不满情绪。这诚然有网络自律和公民媒介素养不够的问题，但最关键的还是有关政府部门解决问题不够及时，没有政府官方权威声音澄清事实真相，导致民间的不实传播产生负面效应，从而引起人们的心理恐慌。说明在公共信息发布上，政府没有及时跟上网络舆情的发展速度，政府部门解决问题不够及时。面对网络舆论监督，政府要积极及时公开事实真相和处理结果，引领网络舆情，化被动为主动，才能有效消除不实信息对社会的消极影响。 网络是一把“双刃剑”，虽然不能保证网上的信息的准确真实，但每个人在网上都拥有了表达自由与权利，政府可以通过及时公开真实信息，让公众和社会评价，形成主流社会认可的是非标准，有利于消除社会冲突和不实信息的影响。因此，最大化地发挥网络的积极功效，抵消网络的消极作用，体现科技造福人类的

先进性，已经成为今天各级政府部门必须面对的公共治理问题和治理挑战。

（原载《人民日报》，2009年2月6日）

以法制保障可持续发展

【本文写作背景：2005年，因环境污染问题引发了一系列群体性上访事件，如浙江东阳画水群体性事件，保护环境和经济发展的冲突问题已经摆在政府和公众面前。党的十六大后胡锦涛总书记提出“坚持以人为本，树立全面、协调、可持续的发展观，促进经济社会和人的全面发展”，提出国家可持续发展的战略指导思想。在学习领会科学发展观思想的基础上，针对经济发展中的环境污染问题，特别是引发的群体性上访问题，促使笔者思考这个问题，认为国家发展必须在正确的理念指导下发展，就在中央党校开设了网络选修课“法治政府与可持续发展”，依托授课内容撰写了本文，并刊发于《人民日报》。近些年一直关注环境生态资源保护问题，在中央党校主体班的授课案例也多选用此类案例，如中青一班案例教学中选用“康菲”溢油案、泰州环境污染赔偿1.6亿元修复环境款的“天价公益诉讼案”等，并将党的十八大以来提出的生态文明建设和新发展理念的思想贯彻在教学中，笔者主观上认为只有党政干部具有生态环境资源意识，我国的经济发展才能真正走向可持续发展道路。对党政干部进行生态环境资源保护教育，是干部教育培训的重要内容。本文在原文基础上有增补。】

全面贯彻落实科学发展观，促进人类社会的可持续发展，资源保护是基本要素之一。保护人类拥有的有限资源得到合理利用，显著提高资源利用效率，努力遏制生态环境恶化的趋势，建设资源节约型、环境友好型社会是生态环境的重要保护手段。同时实现人与自然和谐相处，促进经济社会可持续发展的目标，需要通过建立和完善相关的法律制度为可持续发展提供法律保障，依法保障国家可持续发展，绿色发展。

一、以法制促进循环经济发展

人类社会要长期发展，需要充足的生产资料和生活资料，这些都依赖于环境资源的供给。1972 年 3 月，罗马一个 17 人研究小组提交了一篇题为《增长的极限》的研究报告，以人口、工业发展、粮食、不可再生的自然资源和污染 5 个参数作为研究对象，结论是：地球是有限的，人类必须自觉地抑制增长，否则人类社会将会崩溃。这一理论又被称为“零增长”理论。自此，人类的发展与环境资源的关系被各国关注，人类开始考虑，从什么角度可以解决这个问题。

1972 年 6 月 5 日，联合国人类环境会议在瑞典首都斯德哥尔摩召开，来自全球 113 个国家的 1300 多名代表聚集在一起，第一次讨论全球环境问题以及人类对于环境的权利与义务。大会通过了《人类环境宣言》，该宣言郑重申明：人类有权享有良好的环境，也有责任为子孙后代保护和改善环境；各国有责任确保不损害其他国家的环境；环境政策应当增进发展中国家的发展潜力。

根据宣言精神，许多国家通过立法，建立健全法律制度，强制性地要求国民对有限的资源进行重复循环利用，以减低资源的消耗和废弃物、污染物的产生，保护生态环境，发展循环经济，保障人类可持续发展。如联邦德国1996年颁布的《循环经济和废物管理法》，要求实行垃圾分类。这一举措收效明显。2003年，仅玻璃、塑料、纸张等包装物的回收利用率就超过90%。通过建立此类与国民生活密切相关的法律制度，促使德国民众形成了良好的环保意识，每家每户都自觉地对生活垃圾和废弃物进行分类以方便回收，提高了社会整体经济效益和生态效益。

我国是一个人口大国，人均资源占有量低于世界平均水平。如果粗放型经济增长方式长期得不到根本改变，必然导致资源消耗大、经济效益低、环境破坏严重，经济社会的可持续发展也就无从谈起。而要保持经济平稳较快发展，克服资源能源瓶颈，需要从根本上改变高投入、高消耗、高排放、低效益的粗放型经济增长方式，提高资源利用效率，就必须建立健全发展循环经济、保护生态环境的法律制度，通过法律的强制性作用促进循环经济的发展，并逐渐使人们由被迫守法转变为自觉守法。以尽可能少的资源消耗和尽可能小的环境代价获取最大的经济效益，实现经济效益、社会效益和生态效益的统一。

我国1982年在制定现行宪法时，分别对自然资源和生态环境做了规定，《宪法》第9条第2款规定：“国家保障自然资源的合理利用，保护珍贵的动物和植物。禁止任何组织或者个人用任何手段侵占或者破坏自然资源。”第 26 条第 1 款规定“国家保护和改善生活环境和生态环境，防治污染和其他公害。”2008 年制定了《循环经济促进法》，第 1 条规定：“为了促进循环经济发展，提高资源利用效率，保护和改善环境，实现可持续发展，制定本法。”讲明立法目的是促进循环经济，立法宗旨是实行可持续发展，并细化和明确循环经济的具体内涵，指明循环经济，是指在生产、流通和消费等过程中进行的减量化、再利用、资源化活动的总称。其中减量化是指在生产、流通和消费等过程中减少资源消耗和废物产生。再利用是指将废物直接作为产品或者经修复、翻新、再制造后继续作为产品使用，或者将废物的全部或者部分作为其他产品的部件予以使用。资源化是指将废物直接作为原料进行利用或者对废物进行再生利用。依法促进和保障了我国循环经济的发展。强调发展要以循环经济为遵循，落实党的十八大以来提出生态文明建设，贯彻新发展理念，依法保障国家可持续健康发展。

二、以法制调节经济利益保障可持续发展

法律可以通过调整公民的权利义务结构，引导市场主体的行为动机和喜好，从而对市场经济主体产生激励或约束，发挥调控经济的作用。保障人类社会的可持续发展，一方面，应按照市场经济规律的要求建立和完善相关法律，对社会收益超过私人收益的产品及服务的生产和提供，给予必要的支持与保护，从而增加社会净收益；另一方面，通过制定和

完善相关法律，对市场主体危害公共利益的行为形成经济制约和控制机制，如对企业污染环境的行为收取高额补偿费、环境修复费等，控制减少破坏生态、污染环境等现象的发生。2013年、2014年我国先后通过修改民事诉讼法、行政诉讼法、环境保护法等，对污染损害环境公共利益的行为，规定了环境公益诉讼。2014年修改的行政诉讼法和新环境保护法扩大了提起环境公益诉讼的主体资格范围，在具体权益受损人不明确，环境公共利益确实被损害的情况下，由环境公益组织或人民检察院提起公益诉讼，经过专业环境损害评估，司法判决环境损害者承担高额民事赔偿和修复责任，用法律手段调整权利义务关系，通过完善法律制度，加强经济调节制裁手段，调节经济发展的权利和义务结构，促进经济社会走上生产发展、生活富裕、生态良好的文明发展道路。

三、以法制规范行政行为促进可持续发展

政府是贯彻落实科学发展观的重要主体，行政手段是实现科学发展的重要保障。政府是否依法行政，事关党确定的国家治理方针政策的落实。党的十八届四中全会决定指出，当前还有很多与国家法治建设不相符的现象，如目前政府职能转变还没有完全到位，仍存在着“越位”“缺位”“错位”等问题。深化行政执法体制改革，转变政府职能，加快从传统的全能管制型政府向公共服务型政府转变，推进依法行政，是全面依法治国和全面深化改革攻坚的一项重要任务，也是贯彻落实科学发展观和新发展理念的必然要求。通过相关法律制度建立和完善来规范政府

的行政行为，使各级政府不再热衷于跑资金、上项目，不再直接干预微观经济主体的生产经营活动，而是把职能真正转到经济监管、市场调节、社会管理、公共服务、供给侧改革等方面，致力于打破垄断，维护公平竞争，提供良好的公共服务，创新产权制度，激发社会活力，促进经济社会可持续发展，早日进入小康社会。

（原载《人民日报》，2005 年 12 月 14 日）

加强领导干部法治意识培训，推进依法治国

【本文写作背景：2013年8月至2014年9月，笔者在基层挂职，挂职期间对基层干部的工作有了更深的认识和了解，发现绝大多数基层干部都在尽力把本职工作干好，也希望通过自己的努力工作得到上级和人民群众的认可，但由于受自身综合能力、教育水平、岗位培训等条件的限制，一些基层干部在处理具体事务时，缺乏应对问题的法律知识和工作经验等，对一些问题的处置，明显不符合法治标准。基层领导干部直接面对人民群众，他们的一言一行代表着党和政府的形象，对基层领导干部的培训从巩固党的执政基础角度讲，应该比对中高级领导干部的培训更为重要。笔者结束挂职回到党校后应约撰写了此文，并刊发在《学习时报》上，题目为《法治课教学要讲究针对性》，这里改回了原题目。】

党的十八届四中全会通过了《关于全面推进依法治国若干重大问题的决定》，在现实中把决定内容真正地贯彻到国家治理的各方面，是推

进依法治国的根本所在。而党的方针政策落实的状况，取决于各级党政干部在具体工作中贯彻执行的情况。党政干部的思想理念，认知能力和认知水平直接决定了党的方针政策实施的社会效果。加强各级党政干部法律意识培训，提高整体党政干部的法治意识，形成法治思维和法治工作方式，并由党政干部运用国家公权力的权威性引导全社会形成法治意识，唯有如此，才能更好地促进十八届四中全会依法治国理念的贯彻落实，加快法治国家建设。而培养各级党政干部的法治意识，应该注重以下三方面。

一、加强各级党政干部的宪法意识培训

推进依法治国，必须有法治意识，而法治意识的形成，首先要有宪法意识。宪法是国家根本法，只有形成宪法意识，才能为法治意识奠定基础。宪法规定了国家根本政治制度、基本制度和依法治国基本方略。一切法律、法规和社会主体的行为都不得和宪法相抵触或者违背宪法，否则，就不可能有真正的法治。十八届四中全会报告再次强调："坚持依法治国首先要坚持依宪治国，坚持依法执政首先要坚持依宪执政。"但遗憾的是现实中无论在司法领域还是行政领域，一些干部不了解宪法，在现实的公共治理行动中又因为违背宪法原则和宪法规范，导致具体的法律适用和法律实施不能达到预期治理目标，增加了执政的政治成本，同时也加大了国家治理的经济和社会成本。例如，财产权被侵犯的出嫁女，为了维护自己的合法权益，就曾到相关政府反映或者以信访的形式寻求

权利救济，有的地区已多次发生规模性的出嫁女信访案件，但我们基层乡镇、区县干部甚至地市级的一些干部在处理此类案件时，认为村民或者村民委员会根据《村民委员会组织法》第2条的规定："村民委员会是村民自我管理、自我教育、自我服务的基层群众性自治组织，实行民主选举、民主决策、民主管理、民主监督。村民委员会办理本村的公共事务和公益事业……"依法自我管理，村集体财产的分配是村事务，由村民代表大会或村委会代表村民自我管理，政府不好插手，导致权益受到损害的出嫁女的利益不能得到及时救济，引发一些地区的出嫁女长期越级访、进京访，地区社会治理长期处于非良性状态。政府工作人员在这里只注重了《村民委员会组织法》第2条的内容，却忽略了《村民委员会组织法》第1条的规定："为了保障农村村民实行自治，由村民依法办理自己的事情，发展农村基层民主，维护村民的合法权益，促进社会主义新农村建设，根据宪法，制定本法。"第1条很清楚地规定，村民自治和农村基层民主必须在符合宪法的前提下实施。宪法明确规定了男女平等原则。但在实践中，村民和乡镇、县区政府干部对第1条要求遵守宪法的内容避而不谈，只强调第2条的村民自治和基层民主，是典型的缺乏宪法意识。断章取义地执行《村民委员会组织法》第2条的规定，导致侵害出嫁女合法权益的实质违法行为的发生，也造成多地政府在地区整体公共治理方面长期难以实现治理目标。针对这类问题，各级党校必须加大对各级党政干部的宪法意识培训，通过专门的宪法规范和宪法知识的培训，使各级干部形成宪法意识，进而形成宪法思维和法治意识，从根本上推进依法治国的进程。

二、加强基层干部的法治意识培训

改革开放40多年，我国的法治建设取得了较大的成就，虽然党政干部的法治意识有了较大提高，但在准确理解和把握法律规范的内涵方面，很多党政干部还有较大差距。从国家治理的角度看，政府公共治理目标的实现，必须通过任务层层分解，逐级下放，最后由基层工作人员实施完成。基层工作人员直接落实上级政府的治理措施，一线基层工作人员的法律素质在一定程度上决定着政府治理目标的实现和国家各项制度的运行状态。特别是农村乡镇、城市社区的工作人员，他们对法律政策的理解、他们的执行水平和能力，决定着党和政府在人民群众心中的地位。目前，有些县区、乡镇、社区的工作人员由于文化素质较低，工作能力较弱，对法律、政策的认知能力有限，导致公共治理目标长期不能实现。从当前党政干部的整体素质看，基本是越往基层，素质越有待提高，但客观现实往往是，越往基层，党政干部的培训进修机会越少，繁杂的事务性工作使最基层工作人员很难抽出时间学习法律和政策，而这又反过来进一步导致他们对法律和政策的理解认知不到位和出现偏差。因此，各级党校、特别是基层党校，加大对基层党政干部、尤其是最一线的业务工作人员法律知识和法治意识的培养力度，提高他们认知法律、政策的能力和运用水平，是提高社会治理能力，推进依法治国和实现国家有效治理的关键环节。

三、加强领导干部法治培训的实证分析

培训党政干部，需要根据党政干部的具体定位，选定授课内容。不同层级的党政干部运行国家公权力，实施公共治理行为时，适用法律和实施法律的需求点是不同的。根据笔者在中央、省、市、县区四级党校授课的经验看，各层级的党政干部都需要运用法律、政策解决现实公共治理问题，但不同层级的党政干部在公共治理中需要把握的法律、政策角度和具体实施措施各不相同。如中央层级的党政人员在适用法律、实施法律、解决公共治理问题时，必须考虑采取的法律适用措施在本系统领域产生的全局效应和对下级部门的示范效应；而乡镇、街道公职人员适用法律时，一般仅需要考虑该法律适用措施在本行政区域内或者对具体公民个人产生的实际法律效果和社会效果，不需要考虑对本系统全局工作的影响。党政干部适用法律和实施法律的不同需要，决定了不同层级的党校在党政干部法治课的培训内容上，必须有不同侧重，必须针对各级党政干部的工作运行机制的特点，选择符合不同干部需求的授课内容。此外，因为各级党政干部运用法律，是为了解决现实治理问题，因此党校法治课的培训内容必须突出满足实际工作需要的特点。中央党校学员的“两带来”问题，就是学员将实际工作中遇到的问题带到党校，希望通过党校课堂或教师与学员之间“双向交流”的理论讲解，解决具体现实问题的典型表现。所以，各级党校法治课的授课内容，应选择有代表性的案例，以实证分析的方式，从案例阐述法理和公共治理措施的适当性出发，将抽象、枯燥的法律术语，通过生动翔实的案件，释明法

律规范的含义，阐述法律规范蕴含的法治内涵、法治精神，这比单纯的法理介绍更能被各级干部理解、认同、吸收，并转化为工作能力和认知水平，也能更清楚地告知党政干部适用法律和实施法律中的合法、非法和违法界限，明确社会核心价值观和价值标准。理论联系实践的实证分析法，对没有法律专业教育背景的党政干部来说，更易明白理解法律规范的内涵、法律要求、法律标准，更有利于帮助他们在实际工作中正确适用法律和实施法律。所以，党校法治课的培训必须重视实证内容，从实证分析角度出发的课堂教学因其比较适应被培训干部的实际需求，能较快地促进党政干部法治意识的形成，推进依法治国。

（原载《学习时报》，2014 年 11 月 17 日）

十八大报告解读：把科学发展观提升为指导思想

【本文写作背景：2012年11月9日党的十八大召开，大会报告当天下午发布，笔者刚学习完报告，《长江商报》的记者电话采访了笔者。笔者谈了阅读报告后的感受，根据这次采访的内容，进行补充形成了本文。】

党的十八大报告体现了很多新思想和新精神，对中国未来的可持续稳定发展意义重大，通过学习领会十八大全会报告内容，笔者认为党的十八大全会报告与十七大全会报告的最大不同点就是指导思想的定位，指导思想引领着中国的未来发展方向。

一、明确科学发展观为国家指导思想

党的十八大全会报告明确提出："高举中国特色社会主义伟大旗帜，

以邓小平理论、‘三个代表’重要思想、科学发展观为指导，解放思想，改革开放，凝聚力量，攻坚克难，坚定不移沿着中国特色社会主义道路前进，为全面建成小康社会而奋斗。”强调了以科学发展观为指导的发展定位，而在党的十七大报告中提出的是“落实科学发展观”。落实科学发展观，是把科学发展观作为一种发展方向提出的，但“以科学发展观为指导”的提法是把科学发展观作为思想理念提出的，这是思想认识领域的重大提升，表明我党在领导中国人民坚持社会主义道路、邓小平理论和“三个代表”的前提下，认识到中国的经济和社会发展不是运动式的发展，不是不计成本的发展，不是没有战略规划的发展，而应该是在尊重科学、尊重自然规律、尊重社会规律、尊重人的前提下的发展，坚持协调健康可持续发展，这表明作为执政党的中国共产党执政水平有质的提升。

二、以科学发展观为指导推进可持续稳定发展

思想认识指导行动，只有思想认识水平提高了，才能保证具体的执政行为的正确和先进，才能带领全体人民沿着正确的道路发展，少走弯路，提高发展效率。党的十八大报告关于国家指导思想中增加以科学发展观为指导，说明我党总结了改革开放近40年的经验和教训，已经深刻认识到国家长期持续稳定发展的重要性。从党的执政角度讲，领导一个国家，保证国家经济、社会长期稳定发展，人民生活水平不断提高是执政的基本目标，但要实现持续稳定提升，需要一个正确的战略思想做

指导。科学发展观为中国特色社会主义国家指明了发展路径，基本内容就是发展是第一要务，核心是以人为本，基本要求是全面协调可持续发展，根本方法是统筹兼顾。即“坚持以人为本，全面、协调、可持续发展，促进经济社会和人的全面发展”，按照“统筹城乡、统筹区域、统筹经济社会、统筹人与自然和谐、统筹国内发展和对外开放”的要求推进各项事业的改革和发展的方法论。这一发展方法论与国际社会提出的可持续发展观相一致。表明我党领导下的中国发展不仅考虑当代发展、自己发展，还考虑了代际发展和人类共同发展的战略问题。坚持发展始终立足人民利益至上，坚持以人为本，保持党的初心，牢记使命，领导中国人民克服损害环境生态、浪费资源和区域、社会不平衡发展等问题，在科学发展观思想的指导下，教育引导各级党政干部调整工作思路，认真贯彻落实科学发展观思想的精神实质，带领全国人民坚持长期可持续稳定发展，早日建成小康社会。

（原载《长江商报》，2012 年 11 月 9 日）

中国网络治理的立法现状

【本文写作背景：笔者从2000年读博士时，就开始研究互联网规制和公民基本权利保障问题。经过近20年的积累，在网络和公民基本权利方面发表了《因特网时代通讯自由问题研究》专著和近20多篇学术论文，并对相关的网络立法进行了梳理。2012年《法制与新闻》就网络治理问题采访笔者时，笔者就把已经梳理的互联网立法问题的稿子提交给了《法制与新闻》。文章在刊出时加了编者按，是以专访的形式刊出的。本书回归原文，并补充了2012年后出台的几部重要的互联网法律。】

随着互联网的普及，网络秩序引发的网络规制问题，引发的各类社会问题越来越多，社会加强网络立法的呼声越来越强。关于互联网的监管问题，2014年中央成立了网络安全和信息化领导小组，习近平总书记任组长，说明网络规制问题已是国家治理的重要内容，特别是网络作为社会治理工具，已经延伸到社会生活的方方面面，网络安全已是国家安全的大问题。

在2016年11月前，我国还没有一部专门的网络治理法。对于网络治理的内容散见于各部门法和其他相关网络立法中，而且法律的表现形式非常多样，既有全国人大常委会的决定、法律，也有国务院的行政法规、部门规章，还有地方法规和地方规章等。这就需要加快网络立法，保障网络安全和网络权利的实现。我国目前已有200多部法律、法规、部门规章用于管理互联网。

一、全国人民代表大会及其常委会制定的网络法律

全国人民代表大会及其常委会作为国家的立法机关，其制定的互联网治理的法律属于国家层面的法律，法律位阶高，效力高。主要包括决定和法律两种。

1. 网络治理法律

中国近年先后制定的有关网络规制的法律有近20部，每部法的规制内容各有侧重点，如2020年5月28日第十三届全国人民代表大会第三次会议通过的《中华人民共和国民法典》（以下简称《民法典》）针对网络规制内容主要是数据信息保护；2020年5月14日全国人民代表大会常委会公布我国《个人信息保护法草案》已经形成，该草案的形成标示我国个人信息保护法律体系有望不久建成，对公民个人信息保护的力度也会大幅度加强。2016年11月公布的《中华人民共和国网

络安全法》(以下简称《网络安全法》)是一部比较全面监管网络和网络各方主体的法律，还有《中华人民共和国电商商务法》(以下简称《电子商务法》)《中华人民共和国反不正当竞争法》(以下简称《反不正当竞争法》)《中华人民共和国国家安全法》(以下简称《国家安全法》)《中华人民共和国著作权法》(以下简称《著作权法》)《中华人民共和国保守国家秘密法》(以下简称《保守国家秘密法》)《中华人民共和国电子签名法》(以下简称《电子签名法》)《中华人民共和国统计法》(以下简称《统计法》)《中华人民共和国治安管理处罚法》(以下简称《治安管理处罚法》)《中华人民共和国侵权责任法》(以下简称《侵权责任法》)《中华人民共和国未成年人保护法》(以下简称《未成年人保护法》)以及《中华人民共和国民法总则》(以下简称《民法总则》)和《中华人民共和国刑法》(以下简称《刑法》)等法律，其中分别涉及网络治理的相关内容。

2020 年 5 月 28 日通过的《民法典》对隐私权作出了清晰界定，要全面治理广告电话、垃圾邮件、宾馆偷拍等侵犯个人隐私权的社会顽疾，构筑个人信息全生命周期保障体系，强化对个人信息处理环节的规制，加强公民医疗信息保护，明确公权力机构的责任和义务等。

2018 年 8 月 31 日通过，2019 年 1 月 1 日实施的《电子商务法》第 1 条规定，“为了保障电子商务各方主体的合法权益，规范电子商务行为，维护市场秩序，促进电子商务持续健康发展，制定本法”。从市场监管的角度强调对网络交易的监管问题。

2016 年 11 月 7 日颁布，2017 年 6 月 1 日实施的《网络安全法》第

1条规定，为了“保障网络安全，维护网络空间主权和国家安全、社会公共利益，保护公民、法人和其他组织的合法权益，促进经济社会信息化健康发展，制定本法”。明确了网络规制事关国家安全、公共利益和私人利益的保护与平衡关系。进一步充实完善了收集使用个人信息的规则以及网络运营者保护个人信息的义务和责任。

1993年10月31日通过，1994年1月1日施行，经过2009年8月27日和2013年10月25日两次修正，2014年3月15日实施的《消费者权益保护法》加强了消费者享有的信息权利的保护，强调了经营者对保护消费者信息的义务。

2009年2月和2015年8月分别通过了刑法修正案（七）和修正案（九），专门增加了出售或者非法提供、非法获取公民个人信息的犯罪。

1990年7月通过，2001年10月修改的《著作权法》第10条第12款规定了信息网络传播权，言明是以有线或者无线方式向公众提供作品，使公众可以在其个人选定的时间和地点获得作品的权利。2010年2月该法第二次修正。

1988年9月通过，2010年4月修改的《保守国家秘密法》第28条规定，“互联网及其他公共信息网络运营商、服务商应当配合公安机关、国家安全机关、检察机关对泄密案件进行调查；发现利用互联网及其他公共信息网络发布的信息涉及泄露国家秘密的，应当立即停止传输，保存有关记录，向公安机关、国家安全机关或者保密行政管理部门报告；应当根据公安机关、国家安全机关或者保密行政管理部门的要求，删除涉及泄露国家秘密的信息”。针对网络泄密维护国家利益问题，强化了法律治理的程序和目的。

2. 网络治理决定

2000 年 12 月，全国人大常委会第十九次会议通过《全国人民代表大会常务委员会关于维护互联网安全的决定》。该决定言明，“为了兴利除弊，促进我国互联网的健康发展，维护国家安全和社会公共利益，保护个人、法人和其他组织的合法权益，特作此决定”。该决定对发展互联网和打击互联网违法犯罪情况作了规定，对互联网的治理发挥指引性作用。2012 年全国人大常委会通过了《关于加强网络信息保护的决定》，确立了个人信息收集使用的规则，明确个人信息保护的范围及其例外原则，以及网络服务提供者保护个人信息安全的义务等基本规范。该决定虽然不是法律，但实际作用相当于法律，在理论和实践中，一般称其为准法律。

二、国务院制定的网络治理法规

国务院作为社会治理的统领者，在网络治理方面也从多个角度进行立法，完善网络法律体系。

1. 行政法规

国务院制定的有关网络治理的行政法规数量不是很多，但能够及时针对互联网出现的问题，提供法律依据进行治理。主要有：

（1）1991 年 5 月 24 日国务院第 83 次常委会通过，同年 6 月 4 日根据中华人民共和国国务院令第 84 号发布的《中华人民共和国计算机软件保护条例》（以下简称《计算机软件保护条例》），是我国较早的专门性网络治理行政法规，该条例于2002年1月1日被新的《计算机软件保护条例》取代。新《计算机软件保护条例》是2001年12月20日依据中华人民共和国国务院令第339号公布，2011年1月8日进行了第一次修订，2013年1月30日进行了第二次修订。

（2）1994年2月18日，根据中华人民共和国国务院令第147号发布《中华人民共和国计算机信息系统安全保护条例》。

（3）1996年2月1日，根据中华人民共和国国务院令第195号发布《中华人民共和国计算机信息网络国际联网管理暂行规定》依法明确对计算机系统和网络环境进行监管，1997年5月20日修正。

（4）1999年10月7日，根据中华人民共和国国务院令第273号发布《中华人民共和国商用密码管理条例》（以下简称《商用密码条例》），因为2019年10月26日，第十三届全国人民代表大会常务委员会第十四次会议审议通过了《中华人民共和国密码法》（以下简称《密码法》），《密码法》对商用密码管理制度进行了结构性重塑，因此《商用密码条例》已不能适应《密码法》的要求，故2020年8月商用密码管理局发布《商用密码条例（修订草案征求意见稿）》，准备修订该条例。

（5）2000年9月20日，国务院第31次常务会议通过，2000年9月25日，朱镕基总理签署中华人民共和国国务院令第292号发布了《中华人民共和国互联网信息服务管理办法》，加强通过互联网给上网用户提供信息服务活动的监管，维护互联网信息秩序。2011年1月8日，根据《国务院关于废止和修改部分行政法规的决定》进行了修订。

（6）2000年9月20日国务院第31次常务会议通过，2000年9月

25 日，朱镕基总理签署中华人民共和国国务院令第 291 号发布《中华人民共和国电信条例》。

（7）2001 年 12 月 12 日国务院第 50 次常务会议通过，2001 年 12 月 25 日根据中华人民共和国国务院令第 341 号公布了《中华人民共和国音像制品管理条例》，该条例分别于 2011 年 3 月 19 日、2013 年 12 月 7 日和 2016 年 2 月 6 日进行了三次修订。

（8）2001 年 12 月 12 日国务院第 50 次常务会议通过，2001 年 12 月 25 日根据中华人民共和国国务院令第 343 号公布《中华人民共和国出版管理条例》，自 2002 年 2 月 1 日起施行。分别于 2011 年 3 月 16 日、2013 年 7 月 18 日、2014 年 7 月 29 日和 2016 年 2 月 6 日进行了四次修订。

（9）2002 年 8 月 14 日国务院第 62 次常务会议通过，2002 年 11 月 15 日根据中华人民共和国国务院令第 363 号发布了《中华人民共和国互联网上网服务营业场所管理条例》，并分别于 2011 年 1 月 8 日、2016 年 2 月 6 日和 2019 年 3 月 24 日进行了三次修订。

（10）2006 年 5 月 10 日国务院第 135 次常务会议通过，同年 5 月 18 日根据中华人民共和国国务院令第 468 号公布了《中华人民共和国信息网络传播权保护条例》，2006 年 7 月 1 日起实施。

这些行政法规从不同的方面提出了相关社会主体在互联网上的行为标准、规则，对维护网络秩序、网络畅通及网络的积极效能发挥保障作用。

2. 部门规章

随着互联网的发展，从 20 世纪 90 年代开始，我国各部委根据自己的职责范围，单独或者联合颁布了一系列部门规章。由于我国管理互联网的相关职责部门多达16个，在实际网络治理中，部门独立颁发或联合颁发的、关于互联网治理的规章数量较多，按照部门规章颁布的时间顺序，对已颁布的部门规章进行梳理，罗列如下：

（1）1989年，公安部发布了《计算机病毒控制规定（草案）》，开始推行计算机病毒研究和许可证制度。

（2）1994年2月18日，公安部发布了《计算机信息系统安全保护条例》。

（3）1996年4月9日，邮电部发布了《中国公用计算机互联网国际联网管理办法》。

（4）1997年12月11日，公安部发布了《计算机信息网络国际联网安全保护管理办法》。

（5）1998年2月26日，国家保密局发布了《计算机信息系统保密管理暂行规定》。

（6）1998年4月，公安部出台了《计算机信息系统病毒防治管理办法》。

（7）2000年1月1日，国家保密局发布了《计算机信息系统国际互联网保密管理规定》。

（8）2000年11月22日，最高人民法院发布了《关于审理涉及计算机网络著作权纠纷案件适用法律若干问题的解释》。

（9）2001年4月3日，信息产业部、公安部、文化部、国家工商行政管理局联合发布了《互联网上网服务营业场所管理办法》。

（10）2002年8月1日，信息产业部发布了《中国互联网络域名管理办法》。

（11）2005年4月30日，国家版权局、信息产业部联合发布了《互联网著作权行政保护办法》。

（12）2009年12月29日，中华人民共和国工业和信息化部第8次部务会议审议通过《通信网络安全防护管理办法》。

（13）2011年，工业和信息化部出台了《移动互联网恶意程序监测与处置机制》。

（14）2014年1月26日，原国家工商管理总局令第60号公布了《网络交易管理办法》，自2014年3月15日起施行。《网络交易管理办法》针对网络交易概念、适用范围、网络交易经营者权利责任义务、监督管理等内容作出了规定，在依法加强网络交易监管执法，维护网络市场良好秩序，维护各方主体合法权益，推动网络经济快速健康发展等方面起到了积极作用。《网络交易管理办法》公布和实施时，《电子商务法》还没有公布实施，2019年1月1日《电子商务法》实施，《网络交易管理办法》的有些规定，滞后于网络交易的新形式，如短视频、抖音等网络交易形式的出现，同时也与《电子商务法》一些规定不太一致，2019年国家市场监管总局准备修改《网络交易管理办法》，面向社会公开征求意见。同年国家市场监管总局酝酿起草《电子商务法实施细则》草案，加强细化网络监管。[①]

① 笔者主持了2019年国家市场监管总局委托课题“新形势下的电子商务监管法律制度研究”，起草该《细则》草案。

（15）2017 年 11 月 6 日根据国家食品药品监督管理总局令第 36 号公布了《网络餐饮服务食品安全监督管理办法》，对网络餐饮食品经营者加强监督管理，保护人民生命健康。

（16）2020 年 3 月 1 日，国家互联网信息办公室发布《网络信息内容生态治理规定》（以下简称《规定》），对网络信息生产者内容做了更详细的规定，整合网络聚合资讯类平台，净化网络环境。

三、司法解释

根据我国的司法惯例，在司法审判实践中，最高人民法院根据实际情况，在缺乏法律规定的情况下，对有关司法实践问题给予解释，指导下级法院审判工作。在网络治理方面，新型问题较多，最高人民法院对保护网络合法利益、打击网络违法犯罪行为作了一些司法解释。

1. 2000 年 11 月 22 日通过，2003 年和 2006 年修改的《最高人民法院关于审理涉及计算机网络著作权纠纷案件适用法律若干问题的解释》。

2. 2004 年 9 月 1 日通过，同年 9 月 6 日起施行的《最高人民法院、最高人民检察院关于办理利用互联网、移动通讯终端、声讯台制作、复制、出版、贩卖、传播淫秽电子信息刑事案件具体应用法律若干问题的解释》。

3. 2010 年 9 月 3 日，最高人民法院、最高人民检察院、公安部联合出台的《关于办理网络赌博犯罪案件适用法律若干问题的意见》，针对利用互联网、移动通信终端等传输赌博视频、数据，组织网络赌博等犯罪行为，进一步明确了法律适用标准。

4. 2011年1月10日，最高人民法院、最高人民检察院、公安部联合发布的《关于办理侵犯知识产权刑事案件适用法律若干问题的意见》，进一步明确了公安机关、人民检察院、人民法院在办理侵犯知识产权刑事案件中遇到的利用网络侵权的法律适用疑难问题。2014年6月23日最高人民法院通过《关于审理利用信息网络侵害人身权益民事纠纷案件适用法律若干问题的规定》，明确个人信息保护的范围及其例外原则。

四、其他规范性文件

国务院除制定行政法规、规章外，还制定了许多规范性文件指导网络治理工作。规范性文件由不同部门发布，一般是针对本部门业务监管领域出现的网络秩序、侵权等问题进行规范，规范性文件及时出台能够较快地指引实践工作，防范风险。如2006年12月国务院发布的《国务院办公厅关于加强政府网站建设和管理工作的意见》，2010年12月公安部、国务院国有资产监督管理委员会发布的《公安部、国务院国有资产监督管理委员会关于进一步推进中央企业信息安全等级保护工作的通知》和2011年4月国务院发布的《国务院办公厅关于进一步加强政府网站管理工作的通知》等规范性文件，主要针对政府或国有企业相关的网络建设和网络安全问题做出的，对政府网络建设和央企网络信息安全等相关内容具有约束力。2015 年 7 月，中国保监会发布《互联网保险业务监管暂行条例》，目的是规范互联网保险业务，特别强调保险机构开展互联网保险业务不得损害消费者和公共利益的信息义务，保护保险消费者合法权益，促进互联网保险业务的健康发展。

规范性文件相对法律、法规的制定程序便捷快速，能够及时弥补现实社会出现的监管空白，即时制止正在发生的损害行为或者防范未来可能出现的风险与危机，规范性文件也是网络监管的重要依据。

五、地方性法规、地方政府规章及规范性文件

各地针对本行政区划内出现的网络秩序、网络经济、网络安全和网络犯罪等问题，根据需要制定了一些地方性规章或规范性文件，如 2001 年 4 月北京市工商行政管理局办公室通过的《北京市网络广告管理暂行办法》，吉林市 2004 年 11 月通过、2005 年 4 月实施的《吉林市网络新闻监督管理条例》，2008 年 12 月杭州市通过的《杭州市计算机信息网络安全保护管理条例》，2020 年 4 月上海市商务委员会和海关联合制定了《上海市商务委员会、上海海关关于进一步开展跨境电子商务零售进口税总担保保函有关工作的通知》等。通过制定地方性法规，在地方行政区域内针对涉及网络的问题进行规制，进而促进整网规制。

（原载《法制与新闻》，2013 年 2 月 20 日）

干部年轻化的国家治理现代化问题

【本文写作背景：党的十七大召开后，关于干部队伍建设，中央提出了干部年轻化和通过加强党风廉政建设推进干部队伍建设战略安排。2012年寒假期间，中国网络电视台记者电话联系笔者，要进行关于干部年轻化的专访。笔者根据学习十七大报告的认识，在办公室接受了采访。本文是在原采访稿的基础上形成的。】

干部队伍建设事关党的执政权的运行，也是党领导国家建设过程中，凝聚党自身和社会力量，保证各方坚持正确方向的重要依托。关于干部年轻化问题，党中央早在20世纪80年代就提出来了。1981年6月党的十一届六中全会通过的《关于建国以来党的若干历史问题的决议》针对领导干部的培养和发展提出，在坚持革命化的前提下，逐步实现各级领导人员的年轻化、知识化和专业化。党的十二大修改党章时，把“实现干部队伍的革命化、年轻化、知识化、专业化”正式写入党章。要求各级党员干部必须遵守这一规定，干部队伍“四化”方针成为干部队伍建设的重要方向。党的十九届四中全会强调把提高治理能力作为新时代干部队伍建设的重大任务。治理能力和干部“四化”密切相关，干部年轻化更是一个常谈常新的问题。从党的十一届三中全会到党的十九届四中全会，都强调干部队伍建设问题，怎么定位“干部年轻化”，需要从理论和实践两个方面分析。2009 年 6 月，中共中央组织部发文要求选拔年轻干部，我就干部和年轻干部的概念分析如下。

一、干部年轻化的内涵

分析干部年轻化，首先要明确干部概念，干部在中国老百姓的心中，用老百姓的话说就是“吃皇粮”的人，“吃皇粮”的，手里有公共权力的人，被称为干部。实际上，在我们国家，干部可以分不同的层面看。比如说我们的党政机关，按照《公务员法》，其中的公务人员的待遇都是纳入国家财政体系、由国家财政来支付的，这种应该属于严格意义上的“干部”范畴。我们国家还有一些干部，比如说事业单位的、国有企业的管理人员，在老百姓眼里，他们也是干部。特别是事业单位和国有企业的负责人是由组织部门来任命的，从这个程序上来看，他们也应该属于干部。虽然企业负责人的待遇没有被纳入公共财政体系，由公共财政来支付他们的工资、福利，但实际上他们又是由党委的人事组织部门来任命的，从这个角度看，应该属于干部。所以我们的“干部”应该包括这几大块：行政机关的、党务机关的公务人员、事业单位、国有企业的行政管理人员，有领导职务的，或者虽然是非领导职务，但从事管理工作的人员。

像老师虽然在事业单位工作，但不属于干部，属于业务人员，职级待遇走业务职称，不走行政序列。所以，严格意义上说，干部应该分这几块来理解。

关于年轻干部，应该是一个相对的概念，在不同的阶段，或在不同的时期，人们对“年轻”的认识是不一样的，老话说，“人生七十古来稀”，古时70岁非常长寿了，但今天说70岁，这个年龄不觉得特别大。从这个角度来看，“年轻”的定义也是随着社会的发展在不断变化的。

现在有的地方有20多岁的副县长、市长，就在网络上引起了特别热烈的议论。这种年龄的干部是不是年轻的？我觉得是年轻干部，之所以引起网络热议，年龄小是一个重要原因，年轻得让公众普遍认为由他们担任现在的职务有点不合常理。总的来说，我认为，“年轻干部”应该和他的岗位有直接关系，特别是一些特定岗位的干部，工作经验和业务积累很重要。

二、年轻干部的判定在一定程度上取决于行政级别

在我国，干部的定位特指从事公共性事务管理职责的群体，包括政府的公共性管理、公共事业机构的管理、代替全民管理国有资产的国有

企业的管理等，因公共性管理的对象、范畴、位阶的不同，公共性事务的复杂性、战略性都有差异。如果是在县级岗位上，40岁的年龄不算年轻了，但如果相对中央机关干部，特别是省部级干部，40岁就是比较年轻了。在实践中，干部的年龄和他的阅历有直接关系。基层的干部，即乡、县级干部，管理的公共事务范围，相对来说是比较有限的，局限于行政区域内，更多的是具体操作层面的公共管理事务，那种战略性的、宏观决策可能要少一些，也不会有超越行政区域的公共决策和公共管理事务。所以我觉得处在这些位置的干部，年龄小一点、更年轻一些也是可以的。

但是再上到更高层面的，像地厅级的干部、省部级的干部，年龄就应该作为一个要素来考虑。因为人的阅历和经历，一定程度上决定人的认知能力，对正确地作出判定是非常重要的，也是非常有必要的。如果一个人太年轻、生活阅历太浅，在总体上他对事物的把握，可能有时会有缺陷和不周全。所以在不同的层面，对“干部的年轻化”应该有不同的考量。

实践中也有这种感受，作为党校教师近些年下基层调研比较多，在一些中层领导干部中也看到了一些现象，比如从乡镇基层干起来的干部，一直干到市级、省级的干部，在和他们的交谈中可以感觉到因他们丰富的社会阅历，他们对事物的看法、认知都是很有深度的。而有些年轻的干部没有在基层干过，大学毕业直接到党政机关工作，可能通过某个考试有一个选拔机会，就到了一个比较重要的领导岗位上了，成为厅级领导干部。但是和他交流的时候能明显地感受到他对社会和岗位的总体认知还是比较浅的。所以从人生阅历看，年轻干部的年龄是有区别的。就是干部要到基层去，从基层选拔干部，或者说干部要有基层工作的阅历非常重要。干部到基层，深入老百姓中间，了解民情，体察民心，只有深入基层接触百姓，才能够培养一颗“民心”，如果干部和老百姓没有接触，一直都是高高在上、都在党政机关，根本就不知道底层老百姓的生活是一种什么状态、老百姓的需求是什么，或者说老百姓有些什么想法。如果干部没有这些工作基础做支撑，就坐在办公室里作决策，决策往往会脱离实际。所以，干部年轻化，是一个相对的问题，在不同层面应该有不同的要求和标准。

三、干部年轻化：程序公正保证实体公正

中国共产党经过90多年的发展，逐渐形成了一套卓有成效的党内民主运行机制。在党的十七大时提出干部年轻化的战略，这是基于国家战略发展需要提出来的。

干部年轻化，在20世纪80年代就提出来了，党内文件依据就是十一届六中全会决定，明确提出干部革命化、专业化、年轻化和知识化。从这个角度来看，党内已经对干部年轻化有了要求，随后我们进行的行政体制改革，也包括拉开了干部人事制度的改革。随着社会的进步，特别是随着我们行政管理领域社会分工的专业化和精细化，在每个领域对干部的专业素质要求是不一样的，干部的专业化就提出来了，年轻化和专业化的培养就结合在一起了。我们知道“文革”之后，在选拔人才方

面，恢复了高考制度。恢复高考制度后，有很多下乡上山的知青和应届高中生都考入了大学。这些大学生毕业之后，按照国家当时大中专学生的对口分配制度，大学生的行政级别是22级、大专生是23级、中专生是24级，工资待遇都是明确的，大中专毕业生自然就进入了党政机关、企事业单位，自然就成为干部了，这时候，他们就是专业化干部。再一个就是“年轻化”也开始出现，因为恢复高考之后，既有“文革”前的“老三届”高中毕业生，也有当年的应届毕业生，年龄上有一定跨度，实际上它是一个不同年龄结合的问题。

提出干部年轻化这个战略思考，实际也是从中国的长远发展考虑的。干部年轻化是和专业化、知识化结合在一起的，如果单谈年轻化，这个年轻化如果没有专业做支撑，没有知识技术能力做保证，年轻化干部的管理能力是达不到现实要求的。干部“四化”中的“革命化”，这是一个政治要求，可以不过多地解释它，这是作为我党干部的一个必须具备的条件，政治立场坚定是前提，年轻化、专业化和技术化，就是年龄和专业能力要结合在一起。所以年轻化，实际上是和国家长期发展结合在一起的，国家长期发展就是和专业化、知识水平结合在一起的。关于知识水平问题，我们知道，“文化大革命”结束之后掀起了新的学习高潮，大家都非常有积极性地学习各种各样的知识充实自己。在这种前提下，每个人在提升自己的同时也提高了我们国家各个层面的管理水平，也带动了国家往前走，这是一个相辅相成的关系。这种情况下提出干部年轻化的战略目标，就不仅仅是一个干部的问题，实际上是一个国家发展的问题，是“国家往什么方向发展”的大问题。如果国家没有政治立场坚定、业务能力强、知识水平高的管理人才，国家的发展就必然受到影响。国家往哪个方向发展？国家怎么发展？人是关键要素，如果没有好的管理人员，没有好的专业技术人员，国家就不可能谈到好的发展。所以干部年轻化，实际上是从国家发展的战略来考虑的。高考制度是培育选拔干部最公正的程序，通过高考程序，选拔出优秀的人才进行培养，有了专业化、知识面都不断提升的干部队伍，实现了干部素质高的结果公正。

四、干部年轻化战略的程序和制度化保障

1978 年 12 月党的十一届三中全会提出加快法制化建设，我国开始推进各方面的立法工作，其中包括选拔干部的立法。党的十一届六中全会提出“干部四化”，党的十三大全会报告强调要改革干部人事制度，依法管理干部队伍，提出“现行干部人事制度仍然存在一些重大缺陷，主要是：‘国家干部’这个概念过于笼统，缺乏科学分类；管理权限过分集中，管人与管事脱节；管理方式陈旧单一，阻碍人才成长；管理制度不健全，用人缺乏法治。这使我们长期面临两大问题：一是年轻优秀的人才难以脱颖而出，二是用人问题上的不正之风难以避免。……当前干部人事制度改革的重点，是建立国家公务员制度，即制定法律和规章，对政府中行使国家行政权力、执行国家公务的人员，依法进行科学管理”。[①]

① 中国共产党第十三次全国代表大会报告《沿着中国特色社会主义道路前进》。

1984年，我国开始进行公务员立法，由中共中央组织部和当时的劳动人事部牵头组织起草国家公务员法规，[①] 开始通过立法完善公务员制度，开始立法的名称是《国家公务员暂行条例》(以下称简《暂行条例》)，该条例历经9年，于1993年4月24日国务院第二次常务会议通过为《国家公务员暂行条例》。8月3日由当时的总理李鹏签发，1993年10月1日起施行，该法第3条规定："本条例适用于各级国家行政机关中除工勤人员以外的工作人员。"这里明确公务员是国家行政机关的工作人员，党务部门的干部没有纳入暂行条例规定的公务员范围。2005年将《暂行条例》改为《中华人民共和国公务员法》(以下简称《公务员法》)，其第2条规定："本法所称公务员，是指依法履行公职、纳入国家行政编制、由国家财政负担工资福利的工作人员。公务员是干部队伍的重要组成部分，是社会主义事业的中坚力量，是人民的公仆。"这一条说明我国干部队伍包括公务员，但不局限于公务员。

《公务员法》对干部的选拔、任用、考核都有非常具体的规定，如公务员年龄须年满十八周岁。特别在程序方面的规定很具体，如领导职务层次分为11个层级，从国家级正职到乡科级副职。再具体到一些专业性强的部门，对学历也有明确的要求，比如必须大专以上，或本科以上，像进入司法领域，如法院、检察院就要求必须是本科学历，而且一般要求是法律专业科班出身。这些程序化和制度化的要求，保障了优秀人才进入公务员队伍，即进入国家干部队伍。

① 皮纯协、胡建淼：《国家公务员法律制度探析》，中国广播电视出版社1990年版，第39页。

特别是2004年以后，中组部先后出台了6个文件，我们叫它“5+1”，这6个文件对干部的任用、选拔，考核等问题，都进行了明确。这6个文件实际上可以说形成了我国比较系统的干部考核体系，或者干部任用制度。这个体系或制度对于选拔干部、任用干部，从程序上做到了规范化的保证，且不论它在实际操作中的问题，但是有了程序的公正，就有了保证实体公正的前提，如果没有这个程序作为保障，要做到干部年轻化、干部专业化、干部技术化，可能就比较困难。”

五、基层年轻干部应该实事求是坚持一些正确的东西

在我国干部用人机制日益完善的今天，广大的基层党员面对干部年轻化的契机，应该具备正确的认识和一定胆识。对基层干部的选用，应该相对年轻一些。干部年轻化对基层干部来说应该是有很多机会的，在这种情况下，他们应该敢于去做事，不光要敢于做事，还要敢于在某些情况下坚持自己认为正确的东西。为什么要这么说？因为我们现在的干部任用制是上面任命干部，决定权在上级党委组织部门，而不是基层选拔后就能到领导岗位，干部的任用最终是由上级来决定的，在有些情况下，对某些公共事务的决策和规划，基层干部可能觉得自己的决定是对的，这个决策应该就这么去执行，但是可能由于和上级的意图不完全相一致，他就不落实了，就不按照自己的意志去做了，我觉得这个将来可能也是一个问题，就是正确的东西如何去坚持。实践中，基层党员干部是直接接触老百姓的，是经常和老百姓在一起的，基层干部最清楚老百

姓想要什么，不想要什么，也知道基层什么东西可以落实，什么可以做，什么不可以做。在这种情况下，基层干部就要实事求是地去坚持一些正确的东西，敢于向上级提出不同意见，帮助上级掌握基层的真实情况，也是基层干部特别是年轻干部的责任。

（原载中国网络电视网站，2012 年 2 月 27 日）

让守法成为我们的生活方式

【本文写作背景：本文是在笔者读博士二年级时，党的十六大召开前，全国正在加大普法宣传力度，《工人日报》的记者电话约笔者要从普法宣传角度进行采访，笔者在中国人民大学的研二楼（现在的品四楼）宿舍接受了采访。当时笔者讲到法律要让公民接受的前提是“良法”。“良法”才能得到遵守。今天看与党的十八届四中全会决定强调的“法律是治国之重器，良法是善治之前提”和十九大的精神是相一致的。本书出版时，笔者在采访内容基础上对个别地方做了修改。】

中国公民的法治意识正在觉醒。法律素养是公民素质的组成部分。当然，一种观念并不是凭空形成的，中国公民生活在一个法治正在逐步完善的社会，法律意识的形成也应该是一个逐步的过程，在这个过程中存在哪些问题？笔者做了如下分析。

一、中国公民法律意识正在苏醒

（一）行政诉讼法的颁布极大地唤醒了公民的法律意识

改革开放 40 多年来，中国公民的法律意识有了很大的提高，里程碑的变化是在我国 1989 年 4 月出台、1990 年 10 月 1 日实施的行政诉讼法以后产生的：普通公民敢于提起行政诉讼，也就是民能告官、民敢告官了。这是中国公民法律意识觉醒的一个最重要的标志，因为公民由此知道可以用法律来保护自己的权利，保护自己的利益不受损害。

其实，宪法早就规定了公民对国家机关及国家机关的工作人员有批评、建议的权利；对他们的违法失职行为有申诉、控告、检举的权利。但是，在可以具体操作的规则没有制定以前，民告官无从告起。虽然 1982 年的《民事诉讼法》规定法院审理行政案件适用民诉法，但在现实社会中，公民提起行政诉讼的案件非常少。行政诉讼法的颁布实施使得宪法规定的公民的这些权利有了可操作性，公民可以把宪法赋予他的基本权利落实在现实生活中了。当公民能够以法律为武器在生活中确实地维护自己的利益时，“法治”对公民就不再是空洞的说教，这大大有助于提高公民的法律意识。如《中华人民共和国警察法》（以下简称《警察法》）规定，在公民人身、财产受到侵犯或处于危难中时，主动救助既是警察的职责也是义务。而当公民求助于公安机关而警察未履行职责、迟延履行职责时，公民就可以提起行政诉讼。2000 年前这样的案子非常少，而现在这样的案件比较多了，这就说明公民的法律意识已经苏醒。

其实，公民用法律来保护自己的意识已经非常高了，高到了要求有关部门必须完全履行法律职责，防止出现可能危害他们的人身、财产安全的险情。

（二）市场经济的发展促进了公民法律意识

生产力的发展，经济的发展使得私人利益出现，这就需要得到保护，为此就需要制定一些规则，这些规则大家都接受，经过一段时间以后，就成了法律。所以，最近几十年我国公民法律意识的形成与随着市场经济的发展，需要保护的私人利益的增多有直接关系。比如，1999年宪法修正案提出“以国有经济为主导，其他经济成分共存，在法律规定范围内的个体经济、私营经济等非公有制经济，是社会主义市场经济的重要组成部分”就体现了宪法对个体经济、私营经济的保护，也就从根本法——宪法确定了国家对公民的财产权的保护。

只有当每个公民的权利都可以通过法律的途径得到保护时，公民的法律意识、守法意识才能真正建立起来。公民权利得到法律的有效保护，有助于法律意识的提高。

二、有良法公民才会去守法

公民法律意识的提高意味着国家民主程度的提高，改革开放40多年来，中国公民的法律意识极大提高，它意味着我国社会生活中民主化程度的提高，而这种提高有助于国家法治的发展，国家法治的进步包括法律规范的遵从和立法精神的遵守。法律规范的遵从，首先是遵守宪法。宪法是国家根本法，一切法律法规都不得和宪法相抵触。习近平总书记多次强调，依法治国首先是依宪治国，依法执政首先是依宪执政，依法治国在此前提下才能实现，说明依宪治国是依法治国的前提，对于公民而言，就如亚里士多德说过的，有良法公民才会去遵守。制定良法是实现依法治国的基础，也是法律得到公民普遍遵守的前提。

我国已建立良法制定制度。党的十一届三中全会后，社会主义国家立法工作全面推开。首先，我们建立了完善的社会主义立法体系，全国人大及常委会制定法律，国务院制定颁布行政法规、行政规章，地方人大或政府制定地方法规、自治条例、单行条例和地方规章等，立法体系比较完备了。其次，我们制定了《立法法》，明确了各级立法机关的权限和立法效力，从制度上保障制定良法。

目前最大的问题是执法问题和守法问题，党的十八届四中全会决定指出，“有法不依、执法不严、违法不究现象比较严重，执法体制权责脱节、多头执法、选择性执法现象仍然存在，执法司法不规范、不严格、不透明、不文明现象较为突出，群众对执法司法不公和腐败问题反映强烈；部分社会成员尊法信法守法用法、依法维权意识不强”等。

“执法”包括立法机关的执法、司法机关的执法和行政机关的执法；立法机关依法立法，是司法机关、行政机关依法执法的基础。司法机关是一个体现公正、公平和正义所在的场所，如果司法人员做不到依法司法，公平和公正就无从体现，国家法律制度就不能达到一个良好的构架。行政机关执法涉及生活的方方面面，如果行政机关不能很好执法，社会正常运作必然受到影响。这也是构筑我国法律制度框架的一大障碍。法律框架已经构造起来，遵守法律的问题，首先应该是政府部门遵守，公民个人无法与国家这个强大主体对抗。国家行政部门执法、守法才是最重要的，也是国家法治建设向好的方向转化的最根本的一环，剩下的才是普通公民守法的问题。

三、普法教育任重而道远

要让社会遵守法律，遵守"良法"，社会首先要知法，然后才能守法用法。改革开放以来，我国从1986年开展普法工作，历经30多年，中国公民的法律意识极大提高，守法意识也提高了，但在守法方面还存在一些问题，是我们全面依法治国要解决的。

一个国家文明程度的提高是多方面的，执法部门依法执法是一方面，反过来，公民守法也是一方面，两方面相互促进，国家法治文明程度才能得到提高。对公民进行普法教育很重要，普法工作应该有重点的推进，尤其是对受教育程度比较低的人，对农民进行普法教育是非常重要的。根据我对农村的接触来说，农民是非常渴望学习法律知识的，但他们获得法律知识的渠道非常有限，在不懂法的情况下，要求遵法、守法，有时实施就可能遇到阻力，难以实现法的预防目的。公民不熟悉法律、不懂法，还会助长政府工作人员执法过程中违法现象的出现。所以，通过普法工作，让公民知法守法，通过各种方式告诉公民我们已经制定有良法，大家应该遵守。还要告诉公民哪些是以执法名义强加于他们身上的非法义务，他们可以不履行。这样就培养了公民的法治意识。

法治意识对公民的影响是在潜移默化中完成的。中国特色社会主义法治建设是改革开放后提出的。随着我国法治建设的推进，已经建成中国特色社会主义法治体系。当前全民法治意识已经普遍提高，国家法治化进程已前进了一大步。在中国共产党领导下，坚持中国特色社会主义制度，贯彻中国特色社会主义法治理论，已经形成了完备的法律规范体系、高效的法治实施体系、严密的法治监督体系、有力的法治保障体系和完善的党内法规体系。这五大体系构成了中国特色社会主义法治体系，治理国家已经能够做到有法可依。现在的关键是尊法、守法的问题，还存在有法不依、执法不严的现象，我们的法治民主还有待于进一步发展。

提高公民的法治意识的过程，也是提高公民文化素质的过程，只有公民整体素质提高了，我们的法治建设才能赶上去，全面依法治国的总目标才有望早日实现。

四、德治和法治相辅相成

道德与法律有着密切的联系。早在 2001 年 9 月我国颁布的《公民道德建设实施纲要》就强调要努力建立与发展社会主义市场经济相适应的社会主义道德体系，公民道德建设与法律意识提高有着天然的联系。

法律制度包括法律意识和法律文化。法律文化是社会主体从事法律行为、法律活动的行为模式和思想模式。法律意识属于社会意识的重要方面，是法律现象、法律观念、法律知识以及人们心理活动总和的反映。在社会意识中，它和道德意识紧密相连。道德是人们在生活中长期形成的被大众认可的含有自然公正、公平和正义的一种生活价值观，它靠人们自觉遵守，没有强制的约束力。道德规范上升到一定程度就是法律规范，这个时候就产生强制性，也就具有约束力。

道德对法律的建设起促进作用，但是，它也需要用法律的形式把道德的基本的东西变成一种强制性的东西让人们遵守。随着社会的发展，对同一问题，人们的判断标准、价值取向是不同的，但基本的社会道德观和是非观是不会改变的，党的十八届四中全会决定强调“坚持依法治国和以德治国相结合。国家和社会治理需要法律和道德共同发挥作用。必须坚持一手抓法治、一手抓德治，大力弘扬社会主义核心价值观……既重视发挥法律的规范作用，又重视发挥道德的教化作用，以法治体现道德理念、强化法律对道德建设的促进作用，以道德滋养法治精神、强化道德对法治文化的支撑作用，实现法律和道德相辅相成、法治和德治相得益彰。”道德和法治不可能分割开，良好的社会道德有助于形成社会遵法氛围。所以2018年宪法修正案，把社会主义核心价值观写进了宪法，依法推动道德，以道德推动法治建设。

（原载《工人日报》，2001年11月2日）

防控疫情公民必须履行法定义务，筑牢抗疫胜利的社会基础

【本文写作背景：2020年春节前爆发了新型冠状病毒肺炎，全国疫情防控形势严峻，各地政府要求外出归来人员要如实向所在单位或居住地的社区报告行踪，但多地发生了多起外出归来人员故意隐瞒行踪，成为流动传染源的案件，加大了当地防疫工作的难度，引发公共安全问题。基于此，笔者从公民法定权利与义务的关系角度写了本文，强调公民享有的权利必须以履行法定义务为前提。】

新冠肺炎疫情爆发以来，在党中央集中统一领导下，各级党委和政府认真贯彻落实党中央决策部署，广大医务工作者和干部群众冒着生命危险，奋战在抗疫、防疫与救治第一线。经过艰苦努力，疫情形势出现积极变化，疫情防控工作也到了最吃劲的关键阶段。在这种背景下，多地媒体不断曝出一些返乡、返城人员故意隐瞒到过传染地区、和确诊病人密切接触、不如实申报自身发热、咳嗽症状及其他多种妨碍防控疫情

工作的情况，埋下了新的传染隐患、形成了新的公共安全风险、增加了地方政府防控疫情工作的复杂性、加大了公共风险和公共财政支出成本。对此类违法行为，应根据2020年2月5日中央依法治国委员会会议精神的要求，从立法、执法、司法、守法各环节发力，依法严查、严惩，为疫情防控工作提供有力的法治保障。对此，应加强以下三方面的工作，督促社会成员履行防控疫情的法定义务：

一、坚决依法防控，落实社会成员履行防控疫情的法定义务

新冠肺炎引发的突发公共卫生危机是一个全社会的公共安全问题，更是一个法律问题。根据《突发公共事件法》《传染病防治法》等的规定，应依法防控疫情，应对这场突发公共危机，在法治轨道上统筹推进各项防控工作。在当前疫情防控的关键时期，对屡屡发生的返乡、返城人员故意隐瞒行踪、不如实报告个人情况、不履行抗疫情的法定义务，导致出现一个人感染几个人、十几人，或几百人甚至几千人被隔离观察的情况，应该依法制止和惩处，提高公民的守法意识，提高政府依法防控、依法治理的能力。

首先，应要求社会成员必须遵守我国《传染病防治法》防控传染病法定义务的相关条款。《传染病防治法》规定了社会成员的五大类防疫义务：第一，在我国域内的一切单位和个人有必须接受疾病预防控制机构、医疗机构有关传染病的调查、检验、采集样本、隔离治疗等预防、控制措施的义务。第二，一切单位和个人有向疾病预防控制机构、医疗机构如实提供有关情况的义务。第三，任何单位和个人发现传染病病人

或者疑似传染病病人时，有及时向附近的疾病预防控制机构或者医疗机构报告的义务。第四，已经确诊的病人和疑似病人有遵守隔离治疗的法律义务。第五，和确诊病人、病原携带者、疑似病人有密切接触的人，有遵守在指定场所进行医学观察和接受其他必要预防措施的义务。法律已经明确要求社会成员必须遵守上述法定义务，在防控传染病方面，应做到外防输入、内防扩散，使所有社区、村庄都成为疫情防控的坚强堡垒，依法科学有序实施防控措施，用法治保障人民群众的生命安全和健康，彻底遏制疫情扩散蔓延势头，筑牢打赢这场人民战争的法治基础。

其次，要提高全社会的依法治理能力。抗击疫情需要全社会联动配合、协调作战。不仅需要政府努力，更需要每一个社会成员的努力和配合。在依法防控的公共治理方面，政府要提高法治保障，加强配套制度建设，构建系统完备、科学规范、运行有效的疫情防控法律体系。对新冠肺炎感染者切实做到应收尽收、应治尽治，确保确诊患者、疑似患者、医学观察病例、密切接触者等四类人员一个不留、一个不漏，提高防控疫情的治理能力，为社会成员履行法定义务创造保障条件，从社会基础上减少新传染源的形成，阻断旧传染源的蔓延路径，尽最大可能切断一切传染源、控制疫情的传播速度和波及范围，有效消除已形成的公共安全风险，消灭潜在的公共安全风险隐患，奠定打赢疫情防控总体战、阻击战的社会基础。

二、对不履行法定义务的社会成员，追究违法责任

新型冠状病毒感染肺炎疫情爆发后，严重威胁人民群众的生命安全

和健康。国家启动了一级响应，高度重视疫情防控。全国人民众志成城、同舟共济，但有些人却故意扰乱正常的防控防疫工作，危害公共安全。在此情况下，应依法严厉打击抗拒疫情防控、暴力伤医、制假售假、造谣传谣等破坏疫情防控的违法犯罪行为，保障社会安定有序。

首先，从法治角度讲，公民配合政府落实防控疫情措施是不可拒绝的法律义务。公民可以放弃法律赋予的权利，但不能放弃和拒绝法律规定的义务。义务是强制性的，不存在讲条件、提要求的空间。在国家遇到突发公共卫生事件的紧急状态下，社会成员必须无条件遵守法律和政府在非常时期的命令、决定。在防控疫情形势依然严峻的情况下，对不遵守法律规定、不遵守政府命令、故意隐瞒行迹、不配合落实隔离观察措施、不履行防控疫情法定义务的行为人，应依法从严追究责任。执法部门应依据违法行为给社会带来的公共风险的不同程度，依法追究其以危险方式危害公共安全罪或治安行政拘留、罚款等法律责任。通过制裁违法行为，警示潜在违法者，以最大化地防范公共风险，实现公共利益和人民利益的政府预期治理目标。

其次，在社会成员个体权利与国家利益、公共利益发生冲突时，应遵守国家利益、公共利益优先原则。在国家权利体系中，社会成员权利与自由的实现是以其遵守法律、法规，履行法律确定义务为前提的。每个社会成员都是国家主人，履行法定义务的终极目的是更好地保护个体权利和自由的实现。国家安全和公共利益安全是社会成员实现权利和自由的根本保证。在国家利益和公共利益无保障的社会状态下，社会成员的权利和自由根本不可能实现。发生突发公共安全风险，出现国家利益、公共利益和社会个体利益冲突时，社会成员个体利益必须服从国家利益和公共利益，这是法治国家的核心要义。此次新型冠状病毒感染的肺炎疫情爆发后，党中央始终把保护人民生命安全和健康放在第一位，启动了一级响应，但有些人强调个人方便，不遵守当地政府的防控措施、不配合防控工作，硬闯小区大门、道路关口、超市防疫区和其他公共场所等，扰乱正常的防控秩序。个人权利自由与公共安全发生冲突时，个体权利自由必须服从公共安全的需要、遵守国家在非常时期的政府命令，否则便要依法严惩。

三、加强宣传教育，培养社会成员的法治与风险意识

改革开放40多年来，随着中国法治建设的不断进步，社会成员的自我权利意识不断加强，在重视自我权利实现的同时，却弱化了履行法定义务的意识。本次疫情发生以来，各地出现的多种妨碍疫情防控的违法行为，说明违法行为人只有权利意识，而没有义务意识。对此，我们需要加大全民普法的工作力度，大力弘扬社会主义法治精神，增强全民法治观念，树立不履行法定义务受惩罚的认知，夯实依法治国的社会基础。

首先，要加强疫情防控的法治宣传和法律服务，培养社会成员的法治意识。组织基层开展疫情防控普法宣传，把社会主义核心价值观中对公民爱国、敬业、诚实、友善的要求融入法治教育，引导广大人民群众增强爱国、诚信的基本法治意识，做到如实申报个人行迹、支持配合政府的防控疫情工作。强化疫情防控法律服务，加强疫情期间矛盾纠纷的化解，为困难群众提供有效的法律援助。通过宣传《传染病防治法》确

定的单位和个人负有的防控传染病的义务、《刑法》规定的对以危险方式危害公共安全罪的惩罚,《治安管理处罚法》明确的妨害公共安全、侵犯人身权利、妨害社会管理、具有社会危害性的行为,可给予治安行政处罚等法律内容,让社会成员从心底敬畏法律,引导全社会依法行动、依法履行法定义务,实现依法防疫的目的。

其次,通过宣传教育,强化社会成员的风险意识。在疫情形势严峻的情况下,针对不配合落实防疫措施、缺乏风险意识和公共安全意识的现象,必须加大宣传教育,发挥大数据信息时代“互联网 +”的作用,加强防疫实例宣传,通过具体案例,帮助民众认清病毒的危害性和风险性、说明疫情的严重性,营造社会成员自觉履行法定义务的社会环境,摒除因无知、侥幸心理等导致的、未来可能出现的公共安全风险,努力形成良好的社会风尚和社会秩序。如浙江省宁波市 2 月 4 日的新增病例,通过流行病学的追踪发现,患者是由于与病毒携带者在同一摊位买菜而感染的;浙江省金华市 2 月 8 日疫情通报,1 分钟的交谈使 8 人被感染、560 余人被隔离,这些都能充分说明疫情的风险性和严重性。通过具体化、形象化的宣传,及时、准确共享疫情信息,让民众放下侥幸心理,教育引导广大人民群众提高文明素质和自我保护能力、提高风险意识,做到打有准备之仗,形成防范公共安全风险的社会氛围,将未来的公共风险降到最低。

总之,要打赢这场疫情阻击战、总体战,提高依法防控、依法治理的能力是根本措施。通过依法监督公民履行防控疫情的义务,筑牢抗疫、防疫工作的社会基础,才能最终赢得抗击和防控疫情这场人民战争的胜利。

治理“三江”源头污染，推进生态文明建设

【本文写作背景：2020年2月三江源生态保护基金会的负责人给我发微信，请我给《三江源》赐稿。因笔者在2011年、2014年和2016年暑假先后三次到三江源、可可西里等地调研，这些地区快速增长的垃圾让笔者忧虑。2014年茶卡盐湖周边干干净净，但2016年时茶卡盐湖周边和茶卡镇上四处是被丢弃的塑料鞋套和各类垃圾，可可西里情况相同。基于此写了本文，希望能够引起中央有关部门和地方政府对此问题的治理。】

美丽的青藏高原幅员辽阔，蕴藏着丰富的资源。其中，这里蕴藏的丰富水资源在我国的水资源体系中占有重要地位，长江、黄河、澜沧江都发源于青藏高原的唐古拉山北麓，俗称“三江源”。水是生命之源，保护和合理开发利用三江源的水资源，事关三江源的生态安全，和长江、黄河中下游地区几亿人民的生产、生活用水安全和“水权”实现的重大国家治理问题。

三江源海拔5000多米，气候寒冷，植被生长缓慢且自我修复能力低，依法保护该地区的生态环境是推进生态文明建设的基本要求。美丽、神奇的三江源及三江河上游流域的可可西里等地区，每年都会吸引大量的中外游客，旅游业蓬勃发展。但旅游业在促进地区之间交流和第三产业发展的同时，也带来了突出的生态环境问题：众多游客和各类服务从业人员进入无人区，打破了原有的自然平衡，人为制造的大量生活垃圾和废弃物，特别是短期内不能降解的各种塑料制品、玻璃瓶、易拉罐、废轮胎等造成的环境污染和生态破坏，已成为该地区刻不容缓的生态文明建设问题。

根据党的十九大提出的“人与自然是生命共同体，人类必须尊重自然、顺应自然、保护自然。人类只有遵循自然规律才能有效防止在开发利用自然上走弯路”的指导思想，需要尽快制定地方性法律规章，制止游客及旅游业从业人员对生态环境的污染和破坏。

一、建设生态文明是政府的法定职责

社会的治理和发展离不开政府的行政管理和指导，根据党的十九大提出的“加快生态文明体制改革，建设美丽中国”的战略目标，政府要积极实施生态文明体制改革，推进生态文明建设，构筑美丽中国的生态环境制度体系。

1. 政府负有加快生态文明体制改革的直接责任

生态文明体制改革的主要表现是调整政府职能，提高公共服务水平。2018年3月，宪法第五次修正案在国务院的职能里增加了“生态文明建设”的内容，调整了中央政府的职能，以国家根本法的形式确定生态文明建设是政府的法定职责，国务院作为中央政府，其职能的落实由各级地方政府组织实施。我国《宪法》第 9 条第 2 款规定：“国家保障自然资源的合理利用，保护珍贵的动物和植物。禁止任何组织或者个人用任何手段侵占或者破坏自然资源。”第 26 条第 1 款规定：“国家保护和改善生活环境和生态环境，防治污染和其他公害。”国家是抽象的表述，国家的具体化是政府，国家的职能实是政府职能。

上述三条规定，确定了政府负有保护环境、生态资源和推进生态文明建设的法定责任。政府需要通过加快生态文明体制改革，解决当前体制、机制方面制约生态文明建设的症结，消除一些地方政府短视的政绩观和社会上急功近利的经济效益观，摒弃以损害环境和破坏资源为代价获得暂时经济利益的发展观，树立“绿水青山就是金山银山”的高质量发展理念。在正确理念的指导下，地方各级政府要积极探索保护生态环境和资源的对策，落实生态文明建设的法定职能，确保国家生态战略安全和可持续发展。

2. 执行生态环境法律，落实政府生态文明建设职责

生态文明建设作为国务院的职责，由地方政府具体落实。各级政府在公共治理活动中，依托政府公权力，在社会生产和人民生活中强化生态文明意识，形成人与自然和谐共处、相互依存的社会价值观，奠定推进生态文明建设的社会基础。在地方公共治理中，政府应当在各方面的社会活动中贯彻生态文明观念，以有利于生态文明建设为标准，切实落实现有的生态环境法律，运用已有法律制度打击各种污染环境、损害

资源的行为。各级政府只有严格执行已有的法律法规，以国家权力赋予生态环境法律“牙齿”，才能发挥法律的威慑、预防、禁止和惩罚功能，保证已生效的生态环境法律在常态社会运行中得到贯彻落实，降低政府治理成本，有效打击破坏生态文明的行为，落实政府生态文明建设职责，加快美丽中国建设的步伐。

二、遏制破坏生态文明行为，保护三江源的生态功能

生态文明建设是一项长期、艰巨的历史任务，只有进行时，是贯穿政治建设、经济建设、文化建设、社会建设全过程和各方面的系统工程。在这个系统工程中，每一个社会要素都可能对生态文明建设产生影响，其中，“人”是核心要素，依法约束“人”不实施破坏生态环境的行为，是生态文明建设的关键。

1. 禁止以破坏环境和生态资源为代价的经济活动

我国很多原生态自然风貌地区，在经济发展水平上都属于欠发达地区，地方政府财政有限。于是在市场经济的驱动下，一些社会主体便不顾当地生态环境承受力不足的现实，片面追求短时经济利益，甚至采取杀鸡取卵的方式获取财富，对某些地区的生态环境造成了不可逆转的破坏。如20世纪末一些民众纷纷涌进新疆、青海、西藏等地挖冬虫夏草、挖黄金的行为就破坏了当地地表的植被、河床等，导致一些地方的地表植被不能依靠自然力恢复，裸露的土地沙漠化，给生态和环境安全造成了极大的风险。当年，青海省境内还没有高速公路和高铁，政府的管控

手段和管控措施有限，今天可以看到，政府和社会为此承担的治理成本远高于当时少数民众获得的经济利益。

2. 禁止随意丢弃废弃物污染环境和破坏生态

近年来，随着西部，特别是青藏高原旅游业的快速发展，三江源及三江流域沿线、可可西里等线路受到热捧，大量游客进入三江源和可可西里等地区，对当地的生态环境和资源造成了日益严重的污染和破坏，如果不采取有效措施制止破坏生态环境和资源的行为，仅游客随处抛弃的垃圾，就可以将三江源、可可西里、茶卡等地区优美的自然风光破坏殆尽，不断叠加的污染和损害行为，也必将造成未来治理成本的持续攀升。加之这些地区人口稀少、运输线路长，处理垃圾废弃物的成本远高于平原地区，地方政府有限的财政面对日益严重的环境污染和生态损害将不堪负重。

现在，三江源的肋巴沟、可可西里无人区的入口处有大量的、上百年不可降解的生活垃圾和废弃物，笔者曾于 2011 年、2014 年、2016 年三次到三江源和可可西里等地区调研考察，沿途垃圾、污染物的数量以肉眼可见的速度增加，特别是可可西里无人区的入口处，在美丽的蓝天白云下，不是极目楚天舒，而是垃圾满目，让人深感遗憾，唐古拉山脉纯天然的自然美景被大打折扣。那些需要几十年、几百年甚至更长时间才能降解的塑料垃圾和不能分解的易拉罐、玻璃饮料瓶等固体垃圾对高寒高海拔地区的环境和生态造成的潜在危害现在还不得而知，但当前已造成的对地面容貌和自然风光的破坏是不争的事实。

这种状况如果长期持续下去，游客期待的自然风光将被满目的垃圾取代，势必影响旅游业的健康发展。在网络信息时代，各种资讯都会被迅速传播，各级政府在发展地方经济、文化事业的活动中，需要采取有效措施，遏制破坏生态环境的行为，才能促进旅游业和地方经济的健康发展，这是实现中华民族腾飞，建设美丽和谐中国的重要路径。

三、依法治理污染环境和损害生态的行为

三江源的生态环境不仅是当地生态文明建设的问题，还事关长江、黄河中下游地区的生态和人民生产、生活战略安全。从国家全局利益出发，当地政府在保护环境和生态方面采取了退耕还林、退耕还草，建立牧民群众生活定居点、牧场实行有限放牧等生态保护措施，在防治土壤沙化和水土流失方面取得了一定成效。但针对近年旅游业快速发展，大量游客进入自然保护区，沿路随意丢弃垃圾、废弃物的情况，和景点的酒店、餐馆、商店等提供不可降解的外包装等源头污染的问题还应当依法治理。在这方面可以借鉴国内外的成熟经验，制定本地区的具体治理措施。

1. 建立有偿丢弃废弃物制度

加强三江源、可可西里等地区的生态环境保护，除要考虑自然原因可能对生态环境造成的损害外，还要针对人为的污染和损害问题，从生态安全的角度出发，治理游客及社会成员随意丢弃垃圾、废弃物等污染、破坏生态环境的行为。可以通过地方立法，以法律、规章的形式追究污染破坏者的责任。在明确污染者治理、开发者保护、破坏者恢复、利用者补偿的责任外，可借鉴日本实行的强制回收、强制应急措施和环境污

染与破坏事故报告等责任制度，明确及时处置污染源制度。

日本2001年实施的《家用电器回收法》规定，家电生产企业负责废旧家电的再商品化，零售商负责废旧家电回收和将其送交生产厂家，而消费者需要支付废旧家电回收处理的费用。比如，每丢弃一台废旧电视机，所有人要支付2700日元（约合人民币207元），每丢弃一台废旧洗衣机，所有人要支付2400日元（约合人民币185元）。

借鉴日本的做法，可以利用网络大数据技术，建立游客报告行程制度，要求游客说明携带的物资将会产生的垃圾、废弃物的种类、数量，如塑料袋、易拉罐、玻璃瓶、坏损轮胎等，并要求游客离开时要将垃圾、废弃物带出，仅收取基本的垃圾处理费，否则将被收取高额的环境保护和修复费用，收费标准可按照重量或者体积的实际成本计算。

该制度的实施需要青海省和周边的新疆、西藏、甘肃、四川等省、区建立长效合作机制，在高速公路的省、区际交会处的收费站、服务区设置垃圾、废弃物回收处理站，达到从源头防治垃圾、废弃物等污染和破坏三江源的生态环境的目的，切实推进三江源和更广泛地区的生态文明建设。

2. 建立禁用不可降解外包装产品制度

要长期维系西部地区的自然风光，就要通过地方立法，根据实际情况，规定旅游沿线和景点沿线的旅游从业者禁止提供价格低廉但长期不可降解的外包装，如塑料袋等包装食品及各种商品。笔者于2004年7月到云南省丽江时，发现当地的商铺、超市、餐馆等销售的商品、食品都是纸质外包装，原色、精美的牛皮纸口袋和各种印有图案的纸质包装既保护了环境，又构成了旅游内容的一部分。

3. 建立资源利用责任制

明确资源使用者的责任。资源使用者必须把对资源的合理利用纳入发展规划和生产建设计划，对项目、产品实行责任制，提高资源综合利用水平。

德国1996年颁布实施的《循环经济与废物管理法》就要求减少经济源头污染物的产生量。制造者在生产阶段、消费者在使用阶段要尽量避免各种废物的排放；对于源头不能消减又可利用的废弃物和经过消费者使用的包装废物、旧货等要加以回收利用。在欧洲许多国家，购买矿泉水、啤酒和雪碧、可乐碳酸饮料等，需要支付针对玻璃、金属和塑料等包装15欧分至25欧分（当年约折合人民币1.8–3元）的押金，在退瓶时返还。雪碧、可乐等名牌饮料的包装回收不受国界限制，在德国慕尼黑买的雪碧饮料在卢森堡的布鲁塞尔可以退瓶，取回押金，更好地利用资源。

欧盟实施的家用电器回收办法，规定商业界必须回收90%的废弃电冰箱及洗衣机。而三江源、可可西里等地区虽然人口密度低，但因缺少足够的人力、资金，加之幅员辽阔，生态环境的保护和治理成本会非常高昂。如果放任游客丢弃垃圾和各种废弃物，再过几十年、上百年，游客们追求的自然美景或将不复存在。所以，资源使用者承担资源使用费，对于可利用的资源要建立回收处理制度，以实现资源循环利用，降低生态环境的负担，达到生态文明建设的目标。

综上，为维系青藏高原美丽的自然风光，保护三江源的水资源和三江中下游地区经济的可持续发展及人民群众的幸福生活，从源头防治污染和损害三江源及三江上游流域的生态环境，降低未来治理成本和生态风险，是当前该地区生态文明建设的重要内容之一。

第二部分

宪法意识与公民基本权利

用法律保护公民信息安全

【本文写作背景：在中国，随着互联网的普及应用，各种移动终端互联互通，在对数据的技术监管和法律监管制度不完善的情况下，公民数据信息泄露的风险增高，因公民数据信息被泄露引发的各类侵权案件持续上升，有的甚至造成了严重后果。基于对保护公民数据信息安全的探索，笔者撰写了本文。】

大数据时代，数据信息成为战略资源，公民数据信息构成公共数据信息库，公民数据信息的泄露，会直接关系国家数据信息安全。公民个人数据信息，是指依附于自然人并可以为外界借以识别该自然人的所有信息，包括但不限于姓名、性别、年龄、身份证号、电话号码、肖像、网络账户、随身物品等。[①]通过收集公民个人数据信息能够推断出公民

① 王利明：《隐私权概念的再界定》，载《法学家》2012年第1期。

职业、家庭及社会关系等更高层次的隐私信息，若将公民个人数据信息非法出卖给广告商、软件开发商、情报部门等，不仅会使公民个人隐私数据泄漏，甚至会进一步危害到国家的数据安全。大数据下，国家安全与公民信息安全互为表里，保护公民个人数据信息安全，才能最终保护国家安全。解决公民数据信息安全问题是大数据时代保护国家信息安全的必要手段。

一、多点获取公民数据信息的法律监管问题

网络的平等开放性，使任一联网终端的使用者都可以在网上以匿名方式任意随时发布、传播、存储信息。网络上，关于同一问题的信息呈现出多点信息源隐蔽散发、难以控制的特点。一般，单点源信息不易被关注，也不易对公民个人信息产生侵权，但通过搜索引擎，将零散的多点信息源的信息汇聚为公民个人的整体信息或较大信息量后则易被关注，并成为泄露公民个人隐私、侵犯公民权益的直接途径。多点传播公民个人数据信息，在数据信息享有者实现信息自由的同时，该基本权利的滥用要被禁止。日本宪法学者讲“基本权利的行使只要有悖于该权利的主旨或目的，而无须存在主观恶意因素，即构成滥用”。[①] 大数据时代，通过登记掌控公民数据信息已成为政府实现社会治理、社会组织和企事业单位实现经营管理活动的基本手段。如果不将多点传播公民身份

① 高慧铭:《论基本权利的滥用禁止》，载《清华法学》2015 年第 1 期。

特征的信息置于法律监管之下，公民的私生活及各项权利就缺乏安全保障。以法律手段限制社会机构、组织、运营商收集、利用、传播公民数据，有条件地限制信息占有者的数据信息的互通共享。公民信息自由在满足《网络安全法》确定的规制标准时，公民才能享有《宪法》保障的信息自由。即享有信息自由，以不侵犯他人合法权益为前提。大数据时代，滥用信息自由基本权利的行为必须被禁止。那么，何为滥用？公民基本权利的行使，只要有悖于该权利的主旨或目的，无须存在主观恶意因素，即构成滥用。所以，享有信息自由不能成为泄露他人隐私、侵犯他人工作和私生活的理由，否则就构成对信息自由权的滥用和对他人的侵权。对此，笔者认为应该加快立法，明确单点信息的传播、使用、存储的限制条件，应以一般不构成对具体公民基本权利的侵犯为基本标准。

二、非法获取的公民数据信息的法律定性问题

黑客利用木马、攻击软件，一些普通公民采取隐秘方式非法获得其他公民、政府机构、企事业单位和社会组织独享的数据信息，对信息所有人的权益形成直接威胁。这些主体无论是出于维护公共利益还是私利的目的，凡以非法手段获取由他人所有的数据信息，其获得信息的非法性都不容置疑。以非法手段获得他人数据信息后，在未得到信息所有人许可的情况下，在互联网上传播扩散相关数据信息的行为，侵犯信息所有者的信息独享权利和私生活的基本权利。特别是非法获取特定社会公众人物、公职人员、国家机构、公共机构、商业机构核心岗位人员的信

息进行扩散，其侵权对象涉及多方主体，包括公民、国家、社会组织、企事业单位及基于特定公职身份而具有的公共性质的信息安全等。对以非法手段获得的数据信息，即使揭露了原信息所有人的违纪违法行为，并因此让他承担党纪和法律责任，也不能改变获取这些数据信息的非法性质，对这种非法手段获取他人数据信息的行为必须受到法律禁止。

2010 年 6 月，最高人民法院公布的《关于办理刑事案件排除非法证据若干问题的规定》第 14 条指明，“物证、书证的取得明显违反法律规定，可能影响公正审判的，应当予以补正或者作出合理解释，否则，该物证、书证不能作为定案的根据”。本条款的立法目的是物证、书证的取得必须符合法律规定，否则不能作为定案证据。笔者认为，网络数据随时可以转化为物理的书证，数据证据的适用条件应该等同于现实中的物理书证、物证的适用条件。以非法手段侵入公民私有的计算机、手机、照相机、录音笔等移动终端设备，拷贝移动终端里的个人数据信息，然后在互联网上公开、传播、扩散，侵犯公民隐私、名誉等行为必须受法律限制，同时防止非法行为人以非法手段获得公民数据信息并揭露信息所有人的违纪违法行为的扩大化。同时，公权力部门应对违法获取公民个人数据信息的侵权行为追究法律责任。面对越来越多的以非法手段获取公民个人违纪、违法犯罪信息，将公民违纪、违法犯罪信息通过网络公开或交给相关政府职能部门，这些似乎维护了国家法治和公共利益的行为，我们需要有清晰的法益认知。使用非法手段获得他人数据信息的行为，一般侵犯多个权利客体，包括公民私有财产的所有权，数据信息所有人的表达自由权利、人身权利、私生活权利、经济权利等。此类侵权行为对私权的损害与对公共利益的维护相比较，需要从宪法比例原则的运用标准出发，衡量法治要求和公民权利自由不受侵犯的平衡基点。如果任何人都可以以非法手段进入私人领域，那么必将损害国家法治秩序和国家基本权利体系安全，这对国家法治和公民基本权利的潜在威胁将难以估量。

三、公共性质机构所掌握的公民数据信息的法律风险问题

大数据时代，收集各种数据载体存储的信息变得容易实现，并且对公民个人数据信息的收集、存储和传播已经将私权与公权融合在一起。国家或公共机构数据信息的发布、扩散，在没有明确限制条件的情况下，会泄露与这些信息内容发生关联的公民私人信息，并对公民私人权益产生作用。

今天，政府、公共机构存储的公民数据信息或者与公民身份相关的公共信息，如果被不当利用，都存在泄露和侵犯公民信息的潜在风险，并对公民私人行为产生各种难以预见的影响，这种影响的负面后果甚至会在10年、20年后才显现。对公民数据信息的收集，必须符合正当性、必要性原则。如媒体报道："教育部教育管理信息中心推出的'教育技术服务平台'（又称IME平台）从移动端到桌面端，基本覆盖了所有平台系统。全国上亿中小学生信息入库，采集近40项个人信息……教育部下发《关于做好全国中小学生学籍信息管理系统全面应用工作的通知》，提出要利用IME平台、邮件、电话等多种方式进行学籍系统问题的沟通。

目前，全国中小学生学籍信息管理系统已实现1.9亿学生信息入库。”[①]这是一个由行政权推行，企业采集公民个人数据信息，建立政府管理决策数据库的典型事例。该类以政府行政权力主导，由企业收集、存储公民信息的法律责任的界定和未来风险的预控，成为公民数据信息安全的终身问题。该类数据库的风险不仅在当前，更大的不可控风险在未来。40项和未成年人人身权益相关的数据信息，随着科技和人类文明的发展，一旦被泄露和不正当利用，将无法准确预测损害的可能后果，这种不确定性的风险会伴随这些中小学生一生。在现实社会，还有公共服务机构掌握的每个家庭和公民的数据信息，如水、电、天然气表都是被公共服务公司的电子系统监控的。公民家里的用水、用电、做饭等生活细节和生活习惯通过公共服务机构的数据库就可以判定，这些数据库的数据信息一旦被别有企图的人或机构拥有，对公民人身及家庭安全的威胁将难以估量。另外，泄露和传播特定公民信息也会导致国家数据信息安全问题，特别是跨越国界的数据信息传播，在对个体权益带来侵权的同时，还可能形成国家危机和社会危机，这也是各国政府加强数据信息安全立法时必须面对的问题。

因此，大数据时代的公民信息安全立法，需要从多维角度预防数据信息的未来风险，界定信息存储、传播、使用的边界，甚至可以考虑规定数据信息销毁的时间期限，保护数据信息所有人及与信息内容、信息管理发生各种关系的公民的信息安全。通过制定完善的数据信息法，建

① 《全国上亿中小学生的信息都在他们手上》，载《南方周末》2015年10月15日。

立本国的数据信息安全防御机制，同时加强国家之间或全球合作，形成共同维护的数据信息安全机制，在保证公民个人数据信息安全的基础上，实现民主法治国家和人类自身安全。

（原载《学习时报》，2015 年 12 月 3 日）

加拿大政府推进性别平等的做法

【本文写作背景：2005年4月中央党校与加拿大国际发展署合作开展了“中加环境保护可持续发展项目”，该项目持续研究了大概5年，其中一个研究小组是从人类可持续发展的人口性别比例角度研究“性别平等”问题的，笔者是这个小组的成员，基于本项目两次到加拿大进行学术交流和参与中加双方学者在中国的多次学术研讨后，撰写了本文。】

早在20世纪60年代初，加拿大在国家的发展规划和公共治理中，就开始注重落实性别平等的可持续发展政策和对社会性别平等的承诺。当今，在加拿大的所有规划、政策和计划制订、实施中，都必须有性别分析专家的参与，在各项公共政策的制定实施中充分考虑妇女权益，促进性别公正。实现性别平等已是各级政府、各政府机构必须履行的职责。

一、修改宪法，性别平等成为一项宪法原则

在加拿大，性别平等理念的确立是与妇女运动的发展紧密结合在一起的。从19世纪60年代起因环境污染问题，加拿大的许多妇女自发的投身到环境保护行动中。随着妇女组织在环境公共治理中的作用越来越凸显，并且从环境问题向整体公共政策领域渗透，最终在1982年的修宪中，成功促使议会将性别平等写入《权利与自由宪章》。

1982年加拿大宪法法案增加了最重要的部分——《权利与自由宪章》(Chart on Rights and Freedoms)。此前，加拿大人虽已享有传统的广泛人权，但他们享有的权利几乎没有写进宪法，加拿大的宪法没有就性别平等问题作出规定。把权利和自由写进宪法，特别是将性别平等写入宪法，就使政府要损害公民的基本权利和自由变得困难。如果个人的权利受到侵害或否决，特别是出现性别歧视时，人们就可以向法院起诉。《权利与自由宪章》首次从宪法层面承认男女平等，其中第15条规定，男女都应不受歧视地享有受到保护和获得利益的平等权利。根据此条规定，女性享有与男性完全一样的权益，并受宪法的保护。关于男女平等的规定，表明维护一个自由和民主的社会，性别平等是基础，它为公共政策执行中的性别平等提供了宪法依据，是公共政策执行中性别平等的根本性保障。加拿大政府承诺，在国内及世界范围内支持实现性别平等，声明妇女和儿童的权利是所有人权和根本自由不可剥夺和不可分割的一部分。

二、成立妇女地位局，保障性别平等宪法原则的落实

为贯彻落实《权利与自由宪章》的规定，在1995年批准通过的《加拿大联邦社会性别平等计划》中，加拿大政府承诺所有部门都要推动在各个领域的性别平等，所有联邦政府部门和机构均被要求系统评估未来的所有立法与政策，以明确政策和方案对男女的任何潜在的不同影响。

在加拿大联邦政府组织机构中，成立了妇女地位局，负责协调政府有关社会性别平等倡议。其职责包括政策协调、分析和研究，为妇女组织筹集资金和提供技术援助，并提供与促进社会性别平等有关的咨询。咨询机制是将社会性别分析成功纳入政策过程的重要工具。加拿大妇女地位局在批准一项咨询方案时，要遵循四个中心原则：1. 必须在做出决策和加拿大妇女地位局就问题采取进一步行动之前进行咨询；2. 咨询必须是双向的交流过程，在这个过程中，所有各方听取并提出观点、信息和意见；3. 咨询导致行动，这并不一定意味着咨询中提出的每项建议都能得到落实，但意见总会得到考虑；4. 咨询是加拿大妇女地位局与其选民之间持续关系的一部分。在这种关系中，随着时间的推移，通过持续的讨论、决策和后续行动过程建立起相互信任和理解。此外，加拿大妇女地位局确定了在任何咨询过程中都要体现的透明度、责任感、尊重他人和便利性等目标的必要性。

加拿大政府推行的性别平等实质上是在促成女人、男人、女孩和男孩等社会各个群体福利的提高。这需要在社会层面提供女性与男性平等地参加制定政策的机会，支持妇女和女孩对自己享有的全部人权的认识。

提高性别平等，要求特殊的测量设计以限制性别不平等。

三、建立性别平等监测评估机制，促进政府职责落实

性别平等不只是关于女性的，作为社会的一个不可分割的内容，它强调男女两性之间的现存关系、性别角色和实现性别平等的障碍。性别平等承认男性和女性在社会、政治、法律和经济等方面的不同（除了两性在这些方面的共同之处以外）。性别平等并不一定意味着一个项目或项目的组成要素将只关注女性（或男性），尽管有时有必要采用针对某一性别的方法来减少现存的不平等。

获得性别平等的成功要求熟悉每一项政策、项目和计划对男人和女人的不同影响。在经济、社会和政治过程中，促进妇女平等参与作为变化的动因是实现性别平等的基础。在政策、项目和计划中，是否达到真正的性别平等，在项目的实施中，是否贯彻了项目设计时的性别平等内容，都成为对政策、项目和计划评估的基本条件。在政策中要求：1. 参与式发展，指那些受加拿大国际发展署发展项目影响的人，无论是男是女，都参与到与本项目的实施方法和成果相关的决策程序中。有一大批人参加会议或者接受培训并不意味着实现了参与式发展；更为重要的是，必须创造机会让男女两性能自主地推动变革。2. 分性别数据，指那些依据性别分类的数据，这些数据有助于我们理解男性和女性面临的不同情况，促进性别平等。

加拿大国际发展署在环境政策中的性别平等指导原则是：1. 性别平

等必须作为发展署所有的政策、项目和计划的组成部分考虑；2. 性别平等获得成功要求熟悉每一项政策、项目和计划对男人和女人的不同影响；3. 实现性别平等并不意味着女性要变得和男性一样；4. 妇女的准许对实现性别平等是重要的；5. 在经济、社会和政治活动过程中，促进妇女平等参与作为变化的动因是实现性别平等的基础；6. 在男女之间只有通过伙伴关系才能到达性别平等；7. 性别平等要求特殊的测量设计以限制性别不平等；8. 发展署的政策、项目和计划都要为性别平等作出贡献。

加拿大国际发展署性别平等的政策把性别公正看作手段，而把性别平等看作最终的目标。性别公正是指对男女都公平的过程；而性别平等是指男女在实现他们的人权以及发展潜力方面应该享有同样的地位和条件，并且他们都可以从发展的结果中受益。

（原载《学习时报》，2008 年 3 月 10 日）

“以人为本”的新起点

【本文写作背景：2004年3月第十届全国人民代表大会第二次会议通过的第四宪法修正案，增加了保障人权的内容，引起国内外的普遍关注，进入21世纪不久，在不到10年的时间里，“人权”入宪，表明国家哲学思想观发生重大变化。那一段时间，关于宪法人权条款问题的约稿比较多，本篇文章是其中之一，本书出版时，笔者做了修改。】

2004年3月召开的全国人大十届二次会议，在宪法修正案中明确提出要将“国家尊重和保障人权”写进宪法第33条第3款，这是我国首次以宪法的形式规定必须尊重和保障人权。“国家尊重和保障人权”写进宪法后，将对我国产生深远的影响，为公权力与私人权的社会价值的选择奠定了基本的支点。

一、人权的内涵

人权简单说就是人的权利，是一个发展的概念，在17世纪西方资产阶级与封建专制最初争取基本权利的斗争中，人们通常认为人的权利意味着生命权、人身自由权等。但随着社会的进步，人的权利的概念包含的范围越来越广，言论自由、知情权、环境权、物质帮助权……都是人的权利的内容。只要有利于保护人类身心健康的权利，都可以归为人的权利的范畴。我国现行宪法以列举的方式规定公民享有的各项基本权利具有一定的局限性，不能够将所有的人的权利项目全部列举，而此次修宪增加的“尊重和保障人权”是一种概括性的表述，今后无论人的权利内容如何发展变化，宪法作为根本法的这一表述，都不会滞后于时代，在遇到法律没有明确规定的公民基本权利名称的情况下，可以适用该条款保护公民的权利，为公民权利的保障提供了前所未有的保护空间。

二、人权入宪落实以人为本执政理念

党的十六大强调国家发展要“以人为本”，实质内涵就是保障人的权利，一切发展都是为保障和实现人的权利。“国家尊重和保障人权”写进宪法，强调国家对人的权利的保障，与以人为本思想相一致，为国家发展中落实“以人为本”提供了充分的宪法保障依据的同时，也加强了对政府公权力的限制。宪法从产生之日起，就是为了限制以国家强制力为后盾的公权力侵害公民个体权利。此次修宪从国家根本大法的角度强调“国家尊重和保障人权”，必定要约束利用国家公权力侵害公民基本权利的各种违法行为，这将促进政府机构依法行政，促进政府工作人员在实施政府管理行为时，树立“以人为本”权利意识。“国家尊重和保障人权”，要求政府公权力在宪制的轨道里运行，各级党政干部要树立“以人为本”的执政理念。在促进政府依法行政的同时，也将促进中国下位法的构筑和完善，如此次修宪前我国酝酿的艾滋病病人及病毒携带者权益、农民工权益、城市乞讨人员和贫困人口等弱势群体权益保障的立法工作，从立法的角度完善我国整体公民权利保障法律制度的发展，将是对宪法新增“国家尊重和保障人权”内容的落实。

中国已经加入世贸组织，中国政府签订了《经济、社会和文化权利国际公约》和《公民权利和政治权利国际公约》，此次修宪将“国家尊重和保障人权”写进宪法是与国际人权公约的接轨，是与国际人权法保持一致。此外，这对于弱化政府对私人领域的行政干预，促进政府转型，使宪法适应社会形势的发展，保持宪法的稳定性都具有积极意义。

（原载《新京报》，2004 年 3 月 10 日）

立法保护艾滋病患者权益

【本文写作背景：进入21世纪，中国艾滋病毒携带者和患病者呈现不断上升的趋势，因艾滋病毒的性质，导致艾滋病病毒携带者和患病者在就医、工作、学习、生活等各方面遭到歧视或不公平对待。在这种情况下，2003年年底国家动议立法保护他们的权利，说明国家的文明程度有很大提高。应《南方都市报》记者的邀请，笔者就此写篇评论，于是就有了本文，出版时有修改。】

在2003年11月30日的“关注性健康，预防艾滋病，心系红丝带”防治艾滋病高级论坛上，全国人大常委会副委员长韩启德表示，我国将立法保护艾滋病患者的合法权益，纠正社会歧视，全面预防艾滋病。

我国《宪法》第21条第1款规定：“国家发展医疗卫生事业，发展现代医药和我国传统医药，鼓励和支持农村集体经济组织、国家企业事业组织和街道组织举办各种医疗卫生设施，开展群众性的卫生活动，保护人们健康。”以国家根本大法的形式明确了国家负有保护人民健康的责任和义务。艾滋病患者或艾滋病毒携带者的健康权和生命权需要政府积极作为才能较好实现，以宪法为依据，制定配套的操作性强的不同位阶的法律，是防治艾滋病，保护公民身体健康的根本举措。

目前，我国的《传染病防治法》《无偿献血法》《国境卫生检疫法》等法律法规有关艾滋病的相关规定存在法律空缺、法律盲点和操作性弱等问题，要从根本上解决这些问题，创制专门法律是必然选择。我们认为，对艾滋患者立法应该注重规范下列问题。

一、落实宪法平等原则

公民平等享有权利和承担义务是宪法平等原则的基本要求，坚持公民在法律适用方面一律平等，包括机会平等、结果平等，是宪法平等原则的直接表现。从制度操作层面摒弃对艾滋病患者或病毒携带者的歧视观念。目前，我国的艾滋病患者或病毒携带者在就医、就业、日常生活中普遍遭受着不平等的对待。政府作为社会公共事务的规制者，应该首先在制度和规章操作中，构建一个合理的机制，保障艾滋病患者免受慢待、推诿、冷眼等。如果他们在就医、就业时遭到不公正待遇，应该给他们提供合理的、切实可行的救济途径。要使这一机制得以构建和运行，就必须让政府规制机构的规制操作者树立保障公民基本权利的法律意识，树立为民服务、以民为本的工作操行。这一切应该在立法时明确化、具体化、程序化，做到有法可依，才能执法必严，才能从根本上保障艾滋病患者的根本权益。

二、加强预防宣传

防治艾滋病需要社会整体力量的参与，政府作为社会整体运行的组织者，肩负着指挥、领导社会运行的职责。针对艾滋病在我国流行的特点，即主要通过共用针具注射吸毒传播、患者有既往有偿采供血史、患者及病毒携带者缺乏相关预防知识等，对这些社会边缘群体和弱势群体，政府有责任加强宣传教育，使他们树立“艾滋病可以预防”的思想意识。例如，河南省农村的一些艾滋病病毒携带者和患者，知道自己是艾滋病患者，可是在家庭共同生活中，却从没有采取任何的预防措施。这种状况的出现，不是患者不想采取措施，而是患者根本不知道需要采取预防措施。而在美国等西方国家和泰国等都非常重视对艾滋病防治的宣传工作，这些国家制定了相应的制度作为防范措施，进行宣传教育，控制了艾滋病的流行速度，从而保护更多人的生命和健康安全。

三、完善社会保障救助体系

2003 年以前，中国的艾滋病患者主要是农民、吸毒者及个人生活不检点者等群体和人员，许多人发病后无力医治，笔者认为，政府有责任给他们提供物质帮助。我国《宪法》第 45 条第 1 款规定，“中华人民共和国公民在年老、疾病或者丧失劳动能力的情况下，有从国家和社会获得物质帮助的权利。国家发展为公民享受这些权利所需要的社会保险、社会救济和医疗卫生事业”。根据宪法的规定，完善对艾滋病人的社会物质、医疗救治保障体系，保障艾滋病患者生存权、健康权等基本权利的实现，是政府规制者必须履行的责任和义务。如果控制艾滋病流行的有效措施得不到真正落实，将会给个人和社会带来严重的后果，成为威胁国家安全、民族兴衰、社会稳定和经济发展的重大问题。

（原载《南方都市报》，2003 年 12 月 2 日）

加强法律意识，杜绝拖欠农民工工资

【本文写作背景：改革开放后，随着大规模农民工进城务工，每到春节前夕，各地拖欠农民工工资的问题就会集中爆发，对这种长期存在的社会现象怎么解决，《南方都市报》的记者约笔者写篇文章，谈谈解决路径。2003年年底写了这篇文章，17年过去了，这个问题依然存在，2020年春节前3天，有农民工向笔者求助，请求帮助他们讨要被拖欠的37万元工资。近20年了此种社会现象仍然在一定地区存在，说明拖欠工资的一些根源问题没有解决，本书出版时对原文做了一定的修改。】

改革开放后，大量的农民工进城打工，为城市的发展和经济的繁荣作出了巨大贡献，但是农民工干活却拿不到工资的现象却是“遍地开花”。导致这种现象出现的原因多种多样，但根本原因是雇主、民工双方法律意识淡薄，有关劳动和社会保障部门的执法力度不够，这些原因叠加在一起，就导致每年春节前都会有媒体报道某地农民工被拖欠工资讨薪引发的各种情景，有的被拖欠工资的农民工甚至采取以死相要挟等极端手段讨薪，引发群众聚集围观，影响当地正常的公共秩序，造成不好的社会影响。

一、法治意识淡漠，放纵欠薪企业的违法行为

针对每到年关企业拖欠工人工资问题，2003年春节前，由广州市政协有关负责人和专家组成的行风评议检查组对广州市劳动和社会保障局进行了行风建设评估，市劳动社保局某领导对检查组提出的欠薪处罚问题的回答是：广州市私营企业拖欠工资最难处理，经常是劳动监察支队刚刚开了罚单，回家就接到说情电话，有的甚至是领导打来的，罚款也就不了了之，劳动监察部门在企业中缺少威慑力。另外，广州市有从业人员250万，但劳动监察支队仅有30多人，职责和权力范围不匹配，根本忙不过来。

上述对欠薪企业处罚不力的原因，说明政府执法机关有法不依、执法不严，对说情的领导负责，对人民不负责。有些领导说情虽然基于对地方经济发展的考虑，但这种保护违法企业发展经济的思维与宪法强调的国家创造劳动就业条件、加强劳动保护、改善劳动条件、在发展生产的基础上提高劳动报酬和福利待遇的规定相违背，与依法治国的要求不符。

说情带来示范效应，开始是一家欠薪的企业没被处罚、然后是两家，逐渐发展为三家、四家、五家，最后遍地都是欠薪企业的违法行为，且得

不到制裁，并由此导致政府劳动执法监察部门社会威信低下，政府对欠薪企业的规制行为缺乏威慑力，在全社会造成执法效果的恶性循环，进而带来许多社会问题。比如有的农民工因拿不到工资，便在交通繁忙的地段，采取跳楼的极端方式索要工资，造成交通严重堵塞的后果。至于企业从业人员多、劳动监察工作人员少，更不能成为执法监察不到位的理由。

二、完善执法部门责任追究制，保证对欠薪行为的依法处置

在中国现行社会背景下，要从根本上解决拖欠农民工工资的问题，首先，要建立政府执法机关人员的责任追究制，做到事必有责，责必有制，在执法机构行使法律授予的执法权力时，要明确工作人员执法的作为或不作为的责任事项，以及有关限制相对人权利或增加相对人义务的其他行政行为（包括事实行为）的事项，所有这些事项和行为都应该有相应的责任加以约束。归责有制要求做到既要有责任追究等的实体性法规，更要有责任追究的程序性法规，对政府执法人员的责任追究要能够快速、真实地操作运行，做到有权必有责，用权受监督，侵权要赔偿。

其次，要转变政府执法部门的执法理念，精简机构，提高行政运行效率，降低行政运行成本。通过依法建立广泛的政府政务公开体系，增加政府工作的透明度，公民应能够随时参与政府的行政行为，增强公民对行政的知情权、对行政程序的干预权和在既定时间内取得行政决定的权利，使政府行政行为全程接受社会监督，不能暗箱运行，自觉接受法制化和规范化的约束。

最后，要增加农民工的维权意识，加强司法保障的作用。政府要加强对农民工有关劳动法、劳动保护法、社会保障法律等的宣传，增强农民工的法律意识和权利保障意识，坚持按月领薪，避免长期拖欠工资后，企业后期压力大无能力支付情况的发生，引导农民工通过合法有效的途径维护自己的权益。在行政机关监管不到位、执法不作为，农民工相对于企业雇主又处于弱势地位时，农民工可以寻求国家强制力的保护，可以向人民法院提起行政诉讼，直接起诉执法不力、消极不作为的行政机关，要求行政机关履行法定职责；另外，农民工可以直接起诉企业雇主，向人民法院提起民事诉讼，可以申请诉前保全，由人民法院对企业雇主的财产采取冻结、查封、扣押等强制措施，通过国家司法权，强制企业雇主支付拖欠的工资。

总之，要解决当前严重拖欠农民工工资的问题，必须依靠多方面的力量和法治化的途径，使雇佣市场由不规范、不成熟逐步走向规范、成熟，将农民工的权利保障和有关各方的责任义务的落实纳入法治化的轨道。

（原载《南方都市报》，2003 年 11 月 23 日）

通信自由与网络信息隐私保护

——对两起民事案件的宪法理念思考

【本文写作背景：20世纪末，互联网进入中国后，接连发生两起因侵犯公民通信自由进而侵犯公民受教育权、姓名权和财产权、私生活安定等权利的案件，受害人诉讼到法院，人民法院在审理该两起案件时，仅强调被侵害的民事权利，不提被侵犯的宪法保护的公民通信自由基本权利。在早期互联网交流模式下，多是以侵犯公民通信自由为前提，才能侵犯公民其他权利，不解决侵犯公民通信自由的问题，救济其他权利，不能从根本上解决侵权问题。笔者有感而发写了本文，时至今日这类问题仍然存在。】

因特网时代，通信秘密与信息隐私权及二者的关系在公民基本权利与自由中的地位日益突出，通信秘密作为通信自由的核心内容，对公民通信自由权利的实现起着至关重要的作用。而通信内容的保密问题，直接关系到公民个人隐私权和人身权利等问题的保障，因特网对个人通信隐私带来的威胁和侵犯的情况前所未有。在立法滞后的情况下，司法审判作为动态的权利救济体系，应该积极寻求适当的法律手段，发挥司法审判独有的对公民通信隐私的救济功能。从下面两个案例中我们可以得到启发。

一、培养法官宪法意识，推进依法治国

1996 年 7 月我国发生了第一起电子邮件侵权案。被告获知美国一大学通过互联网以电子邮件的形式通知原告，该校为原告提供了 1.8 万美元的奖学金后，遂冒充原告给这所大学发出一封电子邮件，表示原告拒绝该校的邀请。原告在久等无果的情况下，托人前去该校查问，方知有人冒充她回绝了该校的邀请。原告经调查取证确定是被告所为，被告对此也承认。原告向人民法院提出了侵权诉讼。虽然事后原告获得了一定数额的民事赔偿，但她失去了一次出国深造的机会，这种损失从一定意义上讲是不能用经济利益来衡量的。在本起利用电子邮件的侵权案件中，是以侵犯公民的姓名权为表象，实质上侵犯的是公民的通信自由和受教育权，这是受宪法保护的两项基本权利。法院对本案的处理，仅从民事权利保护的角度，由被告向原告书面赔礼道歉，赔偿原告精神损害、补偿原告经济损失，没有涉及宪法规定的公民以上两项基本权利，这样的司法裁判，弱化各方的宪法意识，在实践中会出现司法审判形式符合法律规定，实质上没有落实法治精神和法治目标。

本案也提出另一个问题，怎样识别真假电子邮件，涉及电子签名、电子加密制度及其政府从什么角度控管网络通信系统。相关的信息管理人员如电信网络管理人员、协调人员、网络服务商、运营商等在现代通信过程中负有什么样的责任和义务，政府对他们的管理行为负有什么样的监管职责，对各方利益均衡的把握标准等，都是网络世界急切需要解决的问题。2016 年制定的《网络安全法》对此提出了具体规定，要求公民实现通信自由前要先进行身份验证，第 24 条要求网络运营者为用户提供通信自由服务设备接入时要验证用户真实身份信息，对用户不提供真实身份信息的，网络运营者不得为其提供相关服务。同时鼓励研究开发安全、方便的电子身份认证技术，推动不同电子身份认证之间的互认。2020 年 5 月新通过的《民法典》第 1034 条在强调对自然人信息保护时，特别提到包括电话号码、电子邮箱等。公民通信自由伴随互联网的发展，一直是立法重点问题，某法院 2001 年审理一起手机主状告网民赔偿案，案情是原告姜先生的手机号被人公布在网上，姜先生不断收到陌生人打来的电话，询问他是否有一部诺基亚 8850 型的手机出售，是否有手机卡卡号出售，姜先生不做手机销售业务，也不出售手机号，这严重扰乱了姜先生的正常生活秩序。后经公安部门查明出售手机卡信息的发布者是刘某。被告刘某自称因在网上看到“诺基亚 8850 型手机出售”的信息，并打电话询问姜先生。姜先生生硬的回答使他心生不满，于是故意在网上发布姜先生手机卡出售的虚假信息。

法院审理后当庭认定，刘某故意在网上发布手机卡出售的虚假信息，而其所留手机号码是姜先生所使用。该信息发布后，网络用户拨打姜先生手机号码与其联系，致使其支付了本不应支出的话费，[1]同时，姜先生的正常生活也受到侵扰。刘某的行为已侵犯了姜先生的合法权益。经法庭当庭调解，刘先生同意赔偿姜先生410元，并承担本案诉讼费90元。

本案是利用因特网发布虚假信息，非法公布他人通信联系方式，侵犯公民通信秘密权的具有普遍代表性的侵权案件。根据《中华人民共和国计算机信息网络国际联网管理暂行规定实施办法》第18条的规定，因特网用户“不得在网络上散发恶意信息，冒用他人名义发出信息，侵犯他人隐私”。保证网民发布真实客观的信息以及维护网络安全是全社会共同关注的目标。如果网民发布虚假信息，冒用他人名义发布信息，就可能构成侵权行为。网民要提高自身道德素质和法律意识，上网时要以自己的名义发布真实信息，以免触犯法律。

二、正确认识通信自由基本权利与民事权利之间的关系

分析上述两个案例我们应注意一个关键的问题：两案虽然都是以侵犯公民通信自由为起因，但都是作为民事案件受理的，法院在审理中都没有提及最根本的被侵犯的权利——通信自由中的通信秘密权。通信自由包括两方面：一是通信自由权；二是通信秘密权。通信秘密包括三方面：一是通信内容。邮政通信内容包括纸质信件、汇款单附言的内容；电信通信内容包括电话、电报、电子邮件、语音寻呼、多媒体图像等的内

① 当时手机通讯时双向收费，拨出和接听电话都收取通话费。

容。二是与通信相关的资料。邮政通信相关资料包括邮编、收件人、发件人、通信地址、邮戳时间等；电信通信相关资料包括主叫号码、被叫号码、联系时间、地点、次数、电子邮件网址、IP地址等。三是通信工具使用者的资料。包括使用者的姓名、住址、证件号码、通信工具所有权的性质、费用缴纳情况等。

这两起案件虽是民事案件，但其中蕴含着深层次的宪法精义。案一原告借助电信网络向校方表达其真实意思的通信权利受到被告侵犯，同时被告还侵犯了原告的受教育权。公民的通信自由权利和受教育权利是我国宪法所规定的公民的两项基本权利，与公民姓名权相比，通信自由、受教育权这样的公民基本权利显然是一种位阶更高的权利。案二是通过非法传散原告的手机呼叫号码，侵犯原告通信秘密权，进而又侵犯原告的财产权和正常生活秩序权。两案都是连环侵权，都造成了一定的甚至是不可逆的损害后果。法院审理这两案时，仅注重了实际损害的民事后果，忽略了这类案件中对公民通信自由基本权利的侵害，两案都没有提及首先侵害的是公民通信自由权利，忽视了宪法规定的公民基本权利的保护。

三、司法裁判缺乏宪法意识，不利于全面推进依法治国

司法审判作为公民权利的最后保护屏障，忽视宪法根本法规定的公民基本权利事项的保护，缺失真正的法治思维，司法裁判中只是机械运用法律。这反映了司法裁判人员的实用主义倾向，潜意识里放弃宪法构

建的国家基本权利体系对司法实践工作的指导作用。司法机关在上述两案的审理中的表现，充分说明了存在的这两方面的问题。在有的民事裁判中，忽视宪法确立的社会主义核心价值观，仅强调合同意志自由，判决先违约引起交易风险的违约者，获得对方被迫违约承担赔偿责任的利益等案件，说明加强司法裁判人员的宪法意识，是全面推进依法治国的重要一环。笔者2003年写本文时，希望通过对这两个案件的分析，能够引起司法审判中注意加强和完善对宪法规定的公民基本权利的保护，注重具体民事案件中蕴含的宪法理念，今日仍然需要继续强调这个问题。

（原载《法制日报》，2003年3月6日）

中国农民是“社会保障制度建立的最大受益者”

【本文写作背景：2004年3月，第十届全国人民代表大会第二次会议通过宪法第四次修正案，这次修宪把“国家建立与经济发展水平相适应的社会主义保障制度”写入了宪法，适用于全体公民，包括农民。此前，我国农民不享受国家提供的社会保障，农民的一切保障都来自土地。此条的入宪，改变了几千年来中国农民没有社会保障的状况。】

2004年3月，第十届全国人民代表大会第二次会议审议通过的宪法修正案增加一款规定，“国家建立健全同经济发展水平相适应的社会保障制度”。这一条款的提出，与当时的社会背景相关，特别是与20世纪90年代的国企改制，职工下岗失去生活来源，农村农民因城镇化，土地被征用，补偿款难以维持长期生计的现象有关。社会贫富差距、城乡差距和地区发展差距在持续扩大，下岗工人、失地农民生活陷入困境，新的社会矛盾带来社会不稳定问题。2003年年底官方统计，中国城镇登记失业率已达4.3%。中国绝大多数地方缺乏社会保障，80%的劳动者与老年人没有基本养老保险，90%的人缺乏基本医疗保障，乡村贫困人口还没有制度化的最低生活保障。[①]

一、建立社会保障制度，保障了农民的基本生存权

改革开放后，中国城镇化速度加快，计划经济时代土地被征用，按照被征用的土地数量，安排农民就业农转非；市场经济下，土地征用时被安排就业的农民，因为企业不景气倒闭，或因生活成本的加大，没有新的经济来源，补偿款很快用完，生存逐渐陷入贫困状态。

根据统计，2004年以前的13年里，因各种建设征用土地，中国已有2000多万农民失去了土地。从1996年到2003年，中国的耕地面积锐减了1亿亩，人均耕地只有1.43亩。据《全国土地利用总体规划纲要》分析，从2000年到2030年，中国计划占用耕地将超过5450万亩，这就意味着将有1.1亿多的农民要失去土地。[②]如此庞大的农民群体没有了土地做保障，生存问题突出，即使对于仍在土地上劳作的农民，土地带给他们的保障水平也显得难以为继。卫生部的统计显示，中国农村至今有一半的农民因经济原因看不起病。中国原有的社会保障制度主要是针对城镇人口设计实施的。这次宪法修正案增

① 《中国农民从"土地保障"走向"社会保障"》，载《新京报》2004年12月21日。

② 同上。

加建立社会保障制度，中国9亿农民将是社保制度普遍介入再分配环节后的最大受益者。中国的每一位公民都将逐渐享受到与社会经济发展水平相适应的社会保障权利，不再因身份而区别地享有权利。在2004年修宪前，中国社保制度的构架基本上只适用于城镇居民，农村居民不享有国家提供的社会保障。2004年宪法修正案增加的社会保障条款，从制度层面解决了身份差异享有的国家社会保障权利问题，为中国公民，特别是农村居民提供了生存权的保障，中国农民成为本制度建立的最大受益群体，这将有力推进社会保障的立法进程。

二、社会保障制度入宪，加快了地方社会保障制度的建立

2004年宪法修正案明确建立与国家经济发展水平相适应的社会保障制度后，客观上推进了我国社会保障立法工作。我们知道，改革开放初期，大量农村剩余劳动力向城市转移，约有1亿多农民进城务工、经商或从事其他工作，成为农民增收的重要途径，同时也是推动中国城市化水平提高的基本力量。但是，在这些农民工为城市经济发展、社会繁华做出巨大贡献时，绝大多数城市没有把农民工纳入社会保障体系，他们在城市缺少长期立足的基本保障。为解决上述问题，2003年“非典”疫情后，我国政府出台了一项宏伟计划，即用8年时间，在全国农村基本建立起新型的合作医疗制度：农民以户为单位参保，每人每年缴纳10元，中央和地方财政各补10元，作为合作医疗基金。参保农民生病住院，就可按比例报销部分医药费。地方政府根

据本地经济发展状况，加快落实这一政策规定。当时东部沿海经济发达的江苏省、浙江省等地的农村较早开始运行这一机制。同时，一些经济发达地区也较早关注农民工这一庞大劳动力群体的社会保障问题，到2004年宪法修正案通过时，北京市已正式将外地农民工纳入本市基本医疗保险的范畴中，广东省各地则为农民工建立了养老、医疗、失业三险捆绑参保的保障制度。地方政府的这些具体尝试，推动了我国农民社会保障制度的建立和完善。到2004年12月，中国共有5200万人参加了农村社会养老保险，220万农民领取了养老金，并有6800多万农民参加了新型农村合作医疗制度。①随着农村社会保障制度的推进，国家也加快了社会保障立法，2010年10月28日，第十一届全国人民代表大会常务委员会第十七次会议通过了《社会保险法》，该法于2011年7月1日实施，2018年做了修改，该法建立了我国"基本养老保险制度、基本医疗保险制度、工伤保险制度、失业保险制度和生育保险制度"即我们常说的"五险制度"。其中针对农民"国家建立和完善新型农村社会养老保险制度，实行个人缴费、集体补助和政府补贴相结合。"明确了农村养老保险基金的组成，同时该法还规定，有条件的地区"根据实际情况，可以将城镇居民社会养老保险和新型农村社会养老保险合并实施"，明确各地依据经济发展实际情况，建立消除城乡社会保障制度的差异性，建立平等化的社会保障制度，到2004年12月江苏、浙江、广东、四川等地已经完成城乡一体化的社会保障制度建设。

---

① 《中国农民从"土地保障"走向"社会保障"》，载《新京报》2004年12月21日。

通过具体地区的农民社会保障制度的建立，可以看出2004年宪法修正案确立的“国家建立与经济发展水平相适应的社会保障制度”，经过16年的发展，我国社会保障制度已经建立且日益完善，广大农民已最终是“社保入宪”的最大受益者。近些年随着我国财政政策由前些年的“积极”财政转为“稳健”财政，公共财政更多的投入社会保障领域，国家取消了农业税后，农民在充分享受国家惠农政策的同时，国家还建立和完善了农村居民生活、医疗、养老等社会保障制度，并针对农村贫困、特困居民建立了“应保、尽保”低保救助制度。可以说，“社保入宪”后，社会保障制度改革是近年来我国财政支出的主要投向之一，对农村社保的投入不断加大。特别是党的十九大确立了消灭农民贫困人口，在2020年全面建成小康社会的伟大目标以来，国家对农村加大财政帮扶保障投入，完善了农村贫困、特困户社会福利保障体系，符合国家最低生活保障标准的农村居民已全部进入社会低保救助系统，昭示着中国社会的发展已从强调经济发展走向了兼顾人与社会全面协调发展的道路，今后坚持贯彻科学发展观思想和新发展理念，早日实现建设小康社会目标，更好地完善社会保障制度。

（原载《新京报》，2004年12月21日）

第三部分

从严治党与预防腐败

完善国家监察体制，加大打击腐败力度

【本文写作背景：党的十八届六中全会召开后，为加强和完善对党员干部的监督，构建长效反腐败监督机制，中共中央办公厅于2016年11月印发了《关于在北京市、山西省、浙江省开展国家监察体制改革试点方案》，2017年11月4日，全国人大常委会通过在全国各地推开国家监察体制改革试点工作的决定，到党的十九大时，明确指出，国家监察体制改革试点取得实效，确定全面改革国家监察制度。2018年3月在第十三届全国人民代表大会第一次会议上通过的新宪法修正案中，在国家机构一章里专设一节国家监察委员会，确立了国家监察机构的宪法地位。至此，从党的文件到国家根本法都规定了建立国家监察制度，明确建立该制度的目的是预防与打击公权力腐败，保证中国共产党的执政根基。同时，也向国际社会宣布了中国共产党依法打击公权力腐败的决心。中国国际电视台新闻频道（CGTN）记者约笔者写篇评论，就有了本文。本文的刊发稿为英文，本文收录了中英双语稿件，英文稿附后。】

利用公共权力谋求私人利益的腐败行为是世界各国都严厉打击的违法和违反公共道德的行为。我国自2012年以来，以习近平总书记为核心的中国共产党中央委员会从维护国家公共利益和执政党政治权威的角度，拉开了打击腐败行为的国家治理行动，获得了全国人民的衷心支持和赞誉，并取得了良好的社会效果和国际评价。为保持对腐败行为的威慑和预防，我国以完善国家监察体制为切入点，修改宪法，在国家机构里专设国家监察委员会一节，明确监察委员会对所有公职人员的监察职能，制定《中华人民共和国监察法》(以下简称《国家监察法》)，运用制度机制和法律，切实推进依法治腐的力度，维护国家利益和人民利益。

一、加强国际合作共同打击腐败行为

公共权力领域滋生的腐败行为严重侵害民利，造成社会不公平，扰乱公共秩序，损害执政党和政府的权威，是全球各国共同打击的对象。针对近些年一些公职人员实施腐败行为、在获得巨大经济利益后逃匿国外的现象，从保护和挽回国家损失及威慑抱有侥幸心理的腐败人员的角度出发，中国中央反腐败协调小组从战略高度进行部署，综合运用司法、外交、金融等手段和国际社会开展合作，依据国际反腐败公约、双边协议和多边协议等，有计划、有步骤地集中力量抓捕了一批逃往境外的腐败分子，追缴了一批涉案资产，劝返了一批外逃人员，震慑了腐败分子，同时也净化了腐败分子逃往国的社会环境，对在全球领域打击腐败行为发挥了积极的促进作用，推进了国际间反腐败合作机制的发展。

二、建立长效反腐机制

有公共权力的地方就有腐败，反腐败是国家公共治理中始终要坚持的治理目标。中国政府从提高国家治理水平和完善治理体系的角度出发，经全国人民代表大会批准，先在浙江、北京和山西等省市试点了监察委员会制度。试运行一年，在取得较好社会效果的基础上，经全国人民代表大会投票通过修改宪法，在国家机构里增设了监察委员会，明确了监察委员会的职能、职权，建立了从中央到基层的、完整的国家监察体系，完善了打击腐败行为的国家机构的设立。同时，强调国家监察委员会是政治机构，凸显中国共产党作为执政党坚决维护人民权益的政党宗旨，对党内腐败分子从党的纪律和国家法律两个层面严厉打击。党内腐败分子因掌握人民赋予的公共权力才能实施腐败行为、获取不当利益，其行为首先背离了中国共产党党章的要求，在政治上与共产党离心离德，违背人民授权共产党执政的目标，所以要用国家权力坚决打击，体现国家监察委定位政治机构的功能。其次针对腐败行为，防微杜渐，坚持教育预防是根本、打击惩处是补救的原则，教育与惩处相结合，制定《国家监察法》，对公权力的运行依法进行全覆盖监督，让腐败人员预知行为的法律后果，对腐败的发生做好事先预防、事中监督和事后打击的制度设计，既更好地保护了公职人员履职，也更有效地打击了腐败分子，保护了国家利益和人民利益，实现了中国共产党的执政目标。

Improving China's national supervisory system, combating corruption

Liu Suhua

Editor's note: Liu Suhua is a Doctor of Jurisprudence and an associate professor at the Political and Legal Department of the Party School of the CPC Central Committee (National Academy of Governance). The article reflects the author's views, and not necessarily those of CGTN.

Corruption is an illegal and immoral act severely punished by countries around the world. Since 2012, the Central Committee of the Communist Party of China (CPC), with General Secretary Xi Jinping at its core, has launched a national governance campaign to crack down on corruption in order to safeguard the public's interest and the political authority of the Party.

The campaign has won support and praise from Chinese people, yielded good results, and gained international recognition.

In order to prevent corruption, China improved its national supervisory system and set up the National Supervisory Commission.

The National Supervision Law was formulated to ensure the commission has supervisory authority on all government officials. In this way, institutional mechanisms and laws can be effectively applied to control corruption and safeguard the interests of the nation and its people.

Strengthening international anticorruption cooperation

Corruption in the use of public power seriously hurts people's interests, causes social unfairness, disturbs public order and damages the authority of the ruling party and government.

After a number of corrupt public officials illegally amassed fortune and fled the country in recent years, China's Central Anti-Corruption Coordination Group began to use judicial, diplomatic and financial means to cooperate with the international community to lessen China's asset losses and catch these officials who think they could get away with their crimes.

The group implemented international anti-corruption conventions, bilateral agreements and multilateral agreements, and made plans and concerted efforts to hunt down a number of corrupt officials who fled abroad, recover a number of assets involved in these cases, and persuade a number of defectors to return.

It brought corrupt officials to justice while contributing to the social stability of the countries they fled to. It has also played a positive role in promoting anti-corruption efforts around the world, and guided the development of international anti-corruption cooperation mechanisms.

Establishing a long-term anti-corruption mechanism

Where there is public power, there is corruption. Fighting corruption is a goal any country must always pursue in public governance.

With the aim of improving the level of national governance and bettering the governance system, the Chinese government, with the approval of the National People's Congress (NPC), has piloted the supervisory commission system in Zhejiang, Beijing, Shanxi and other provinces and cities for one year.

Given its positive social impact, the NPC voted to amend the Constitution, set up the National Supervisory Commission, clarified the functions and authorities of the commission, established a complete national supervisory system covering central and local governments, and improved the arrangement of national institutions in combating corruption.

The National Supervisory Commission is a political organization that highlights the Party's mission of firmly safeguarding the rights and interests of the people, and harshly cracking down on corrupt officials within the Party to honor the Party's discipline and national law.

Corrupt Party officials manage to carry out lawless acts and obtain improper benefits because they wield public power, which the people had granted them. Their acts deviate from the requirements of the CPC Constitution, run against the Party's ethos and trample people's trust in them to deliver good results.

Therefore, the state power must be used to crack down on corrupt acts and give full play to the functions of the National Supervisory Commission as a political institution. Besides, in order to prevent corruption, we must stick to the principle that education and prevention are the foundation and punishment is only the remedy.

With a combination of education and punishment, the National Supervision Law can supervise the use of public power in accordance with the law, so that corrupt officials know the legal consequences of their acts. The system's design of prevention, in-process supervision and punishment of corruption not only better protects public officials while performing their duties, but also more effectively pins down corrupt officials, protects the interests of the nation and the people, and serves the goals of the Communist Party of China.

（原载《中国国际电视台》，2019 年 3 月 10 日）

铲除职务犯罪家族化的土壤

【本文写作背景：党的十八大以来，为加强全面从严治党，中央颁布了一系列党内法规和国家法律，从完善制度层面，加强反腐败工作。各反腐败机构也加大了打击腐败的力度并细化了具体措施，做到对依托干部手里的公权力形成的家族式腐败有的放矢。《法治周末》约评论稿，笔者原题目是《职务犯罪的家族化问题分析》，刊发时《法治周末》编辑将题目改为了《铲除犯罪家族化的土壤》，本书出版时，笔者对标题进行了修改，内容有补充。】

党的十八大以来，在习近平总书记的领导下，对人民群众反映强烈的公权力腐败问题，加大了打击力度。同时，实务界和理论界也从党的制度建设和国家立法层面加强研究分析党政干部腐败的成因、特征，以期从根源上阻断腐败行为的发生。2014年12月下旬，以最高人民检察院副检察长邱学强为组长的最高检反腐败课题组的研究成果指出，当前职务犯罪群体化趋势明显，有的窝案串案以血缘、姻亲等关系为纽带，呈现家族化特点。从犯罪形式看，家庭成员、特定关系人参与犯罪增多。

一、职务腐败犯罪家族化

官员职务腐败呈现的家族式犯罪形态说明，腐败官员手中掌握的国家公权力已经被异化为私人权力、家族权力，成为为腐败官员及其家族牟利和服务于其家族利益的资源，对社会的危害性和对公共利益的损害程度都远远大于腐败官员个人犯罪的后果。腐败官员家族化的犯罪，体现为家族成员之间互相借势借力，形成跨地区、跨领域的犯罪态势，给国家、民族和公共利益造成重大损失，有的甚至是无法弥补和补救的损失，对社会造成的危害非常严重。

家族化的犯罪形态是以某个腐败官员为核心，以腐败官员的血亲关系或姻亲关系为依托，形成由血亲和姻亲交织的人际社会关系网络。这个以血亲、姻亲等先天亲属和后天亲属关系形成的人际网络，彼此之间的亲情紧密度、利益密切度、相互信任度和利益一致性等都大于其他的人际社会关系。这就使腐败官员在滥用公权力获取非法利益和进行利益输送时，具有更强的内在驱动力，而不考虑对公共利益和国家利益的损害后果。

腐败官员利用公职掌握的公权力牟取私利和贪污腐败的手段包括：通过行政审批权进行权力寻租，获取非法利益；通过招投标决策权获取回扣、中介费，甚至经营性利益；通过干部升迁任免权接受下级官员的贿赂，或者索要贿赂，从而形成一个地区内或某些领域内干部任用提拔政治生态体系中的恶性循环，导致整个地区或领域内的公共权力被异化，公共治理目标不能实现。

二、官员职务腐败家族式的成因

在各种形式的职务犯罪中，腐败官员思想上的蜕变是根本，把人民赋予的权力看成了私有财产，为自己和家人、亲朋谋取各种非法利益，直接表现为自己收取钱物获得利益；更多的表现是其妻子、子女、父母、兄弟姐妹等共同参与到以权谋私的腐败中，表现为家族式腐败，甚至腐败官员的情人等也会利用官员权力做掮客，收取钱物；有的则通过家族内的关联利益体，如公司，或者以投资、入股等形式获得当前利益和未来利益，形成盘根错节的家族腐败模式。

尽管腐败官员通过职务犯罪获取利益的形式五花八门，但获利的核心都是以腐败官员掌握的国家公权力、控制的公共资源为基础向外辐射的，以家族关系网上的多个节点，形成权与利的交换，损害国家和人民利益。腐败官员把手中握有的人民赋予的权力，异化为自己的私有权力，用公权力把公共资源转化为私人利益，进行利益输送，腐败官员职务犯罪家族化的出现和发展，也说明“一人得道，鸡犬升天”的封建思想糟粕，仍然有很大的社会市场。

三、依法运行公权力杜绝权力腐败

要从根上杜绝权力寻租获利问题，就必须把公权力的运行完全纳入法治轨道，按照十八届四中全会的要求，做到政府政务“决策公开、执行公开、管理公开、服务公开、结果公开”，保障公民知情权和监督权的实现，使权力腐败无处藏身。要坚决贯彻落实十八届四中全会提出的“坚持依法治国、依法执政、依法行政共同推进，坚持法治国家、法治政府、法治社会一体建设，实现科学立法、严格执法、公正司法、全民守法，促进国家治理体系和治理能力现代化”。权力依法行使是防范腐败最好的对策，腐败的产生都是因为异化公权力，破坏制度和法律规则，用公权力获得制度和法律禁止的利益。从公权力运行的体制、机制出发，完善国家治理体系，提高治理能力，使社会外部环境形成依法治理的社会土壤，客观上通过制度控制权力腐败，让权力腐败失去规避制度漏洞的可能性，坚决依法依规用权，这样才能从根上杜绝权力腐败和官员的职务犯罪，保证国家公权力秉承人民意志，为人民谋利益，实现党的执政目标，促进社会公正和社会正义。

（原载《法治周末》，2014 年 12 月 25 日）

反腐的根本是消除制度缺陷

【本文写作背景：党的十八大后，党中央针对人民群众反映强烈的公权力腐败问题，以加强制度建设为切入点，打击腐败，推进全面从严治党。《法治周末》的记者向笔者约稿，并提供了中央纪委研究室主任李雪勤关于反腐败的观点。恰好笔者当时也正在思考以制度推进依法行政、保护公民权利的问题，遂结合以制度推进从严治党与反腐败，撰写了本文，原来的题目是《腐败与反腐败博弈》，文章发表时《法治周末》改为了现在的题目，本书出版时，笔者对原文有修改补充。】

只要制度的缺陷存在，腐败就难以有效避免，腐败与反腐败的斗争就将处于僵持交织状态。在反腐败斗争不断推进的形势下，2012 年中央纪委研究室主任李雪勤接受采访时指出，当前党风廉政建设和反腐败斗争的总体态势是成效明显和问题突出并存，防治力度加大和腐败现象易发多发并存，群众对反腐败期望值不断上升和腐败现象短期内难以根治并存，反腐败斗争形势依然严峻、任务依然艰巨。“三个并存”“两个依然”说明，腐败和反腐败当前正处于相持阶段，反腐败的核心仍然是制约和监督权力。

一、权力腐败的含义

有权力的地方就有腐败，腐败伴随权力而生。权力一般是指公权力，是指由人民授权的社会共同体，包括政府、社团、国际组织或公职人员等所享有的职务或职责上的权力，并由国家保障权力实现的强制力量。社会共同体在行使职务或职责上的权力，为共同体成员提供安全、秩序、公交、通信、卫生等“公共物品”以维护社会公益为目的过程中，组织实施生产、分配、管理“公共物品”的活动，就是运用公权力的过程。在整个公权力活动过程中，如果共同体或公职人员背离授权人授权的目的，滥用职务或职责上的权力，一般就会产生腐败。但目前在我国，权力的腐败已经不再局限于公权力领域，腐败正在由公权力领域向非公权力领域渗透，非公权力的国有企业、医疗教育等具有公共资源的事业单位的腐败案频发，说明我国有公共资源配置的地方就有腐败。腐败在公权力领域和非公权力的公有资源领域都呈现攀升态势。

二、社会道德机制弱化引发腐败

改革开放后，经济快速发展，国家富强，人民富裕，民主法治建设不断推进，但腐败案件却呈上升状态，这与民主法治的进步背道而驰。探究腐败案件在近些年呈上升趋势的原因，社会主流价值观严重缺失是关键。改革开放前，我国在全社会宣传的社会主流价值观是“大公无私”“国家利益、集体利益绝对高于个人利益”，强调私人奉献，全社会形成的主流价值观是无私奉献光荣。改革开放后，发展市场经济，社会个体开始注重和追求经济利益，市场经济的自由性，强调对个人利益的保护，强调个人利益和国家利益、集体利益同等重要。社会开始注重个人利益，但社会个体却没有形成依法发展市场经济获得个人利益、个人财富的法治理念和主流价值观。

我们在建设民主法治的同时，虽然不断完善了人民代表大会制度、选举制度、公务员选用制度，建立了行政监察制度、行政复议制度、行政诉讼制度和党的纪检制度等，从立法、司法、行政和执政党纪律等方面加强了对公权力的监督，但制度中的不完善和新情况不断出现，立法跟不上社会发展的制度空白，仍会被腐败者利用。腐败者基于对个人利益的追求，置法律法规和党的纪律于不顾，在权力监督制度不完善的情况下，腐败案件频发。所以，只要制度的缺陷存在，腐败就难以有效避免，腐败与反腐败的斗争就将处于僵持交织状态。

三、完善权力运行制度遏制腐败

若想有效制止权力腐败，最有效的方法就是让权力在阳光下运行，将权力涉及的所有领域和权力运行的全过程都向社会公开，接受社会监督。权力没有暗箱操作的空间，也就失去了腐败的可能性（当然，涉及国家机密、商业机密和个人隐私的内容应豁免公开）。

防止腐败，权力公开的制度设计至关重要。在权力运行公开的制度设计上，首先，在公共领域，事无大小都应该向民众公开，小到居民区垃圾处理、小区幼儿园设立、小区车位管理，大到国家资源开发、地方项目立项、房地产项目实施等都完全向社会公开。每一个公民都应有合法渠道发布意见和提出建议，群众监督不再是摆设，这样既能避免公权力的腐败，也能更好地提高公共服务水平。其次，保证权力公开制度的程序完善。在权力公开的制度中，要明确国家机密、商业机密和个人隐私的界线，要避免掌握公权力或公共资源的主体以这三个理由为借口拒绝公开权力的运行过程。同时，公开权力的运行需要社会大环境的配合，也需要家庭小环境的配合。建立公职人员的财产公开申报制度，包括配偶、父母、子女、兄弟姐妹等直系血亲和姻亲的财产公开申报，净化家族小环境，也能够有效预防腐败。最后，完善干部任用和推荐制度的追责制度，从根上避免跑官、买官等腐败行为。当前干部任用和推荐中的腐败问题，是最严重的社会腐败问题，其产生的连环负面效应远远大于单次的财物腐败，严重侵蚀执政党的执政根基。所以，谁推荐、谁负责，推荐人要本着对党和人民的高度责任心推荐干部，对被推荐干部的人品负责，不能因个人好恶，放弃原则，推荐任用干部。

解决了这些制度设计问题，现在的腐败与反腐败的交织状况才能从根本上得到改善。今天我们已经看到了自党的十八大以来，通过制定党内法规和国家法律完善制度，特别是改革和完善国家监察制度，有力地推进了全面从严治党，已经非常明显地威慑了各种腐败行为，且在制度的严格执行下，对一些腐败干部形成了强大心理攻势，促使他们主动向组织交代违法违纪腐败问题，争取宽大、从轻处罚。制度和法律的刚性力量，有力地推动了社会道德和价值观的向好，净化了社会风气，从外部制度和内在心理两方面形成了防范和打击腐败的社会氛围。

（原载《法治周末》，2012 年 9 月 4 日）

各地频出“八项规定”细则，勿搞成形式主义

【本文写作背景：党的十八大后，中共中央提出了“八项规定”，以改进干部作风，推进廉政建设。很多地方为落实中央“八项规定”，制定了中央“八项规定”在地方的具体实施细则，但有的细则明显不符合事物发展规律和人民生活水平提高的客观现实，搞形式主义，《第一财经日报》记者就此对笔者进行了专访。本文是在专访的基础上形成的。】

为了切实改进党员干部的工作作风，密切联系群众，遏制日益蔓延的奢靡浪费风气，预防腐败，中央制定了“八项规定”，对领导干部的日常调研、出行、会议等履职行为提出了具体要求，在职务行为中坚决反对形式主义，要厉行勤俭节约，严格遵守廉洁从政纪律等。一些地方党委政府为贯彻落实中央的“八项规定”精神，制定了实施细则，但有些实施细则的内容，明显和“八项规定”的精神不一致。

一、勿搞形式主义

中央提出“八项规定”后，很多地方党委政府积极响应，希望把“八项规定”落实到实处，制定了本地区的“实施细则”，但有些实施细则，明显理解中央精神不到位，有偏差，实施细则的形式主义较严重。如某省出台的《关于改进工作作风、规范新闻报道的实施办法》(以下简称《实施办法》)，关于新闻媒体报道政府官员参加的会议和领导人活动做了具体的约束性规定，要求省领导人参加的会议和考察调研活动，文字报道稿：省委书记不超1500字，省长不超1200字，广电新闻报道播出时长分别不超3分钟、2.5分钟。这样的规定，很明显存在“有事不能多说，无事也要说够”的形式主义。没有真正领会和把握中央“八项规定”精神实质，对中央“八项规定”仅作形式上的理解，不把握精神实质，这样落实中央“八项规定”必然会出现新的问题。

中共中央政治局会议审议通过的中央政治局关于改进工作作风、密切联系群众的“八项规定”，包括改进调查研究、精简文件简报、精简会议活动、规范出访活动、改进警卫工作、改进新闻报道、严格文稿发表、厉行勤俭节约八项内容。其中对新闻报道强调“应根据工作需要、新闻价值、社会效果决定是否报道。”很清楚地指明新闻报道要满足“工作需要、新闻价值、社会效果”三个条件，不是领导出席活动就必须报道。

二、落实“八项规定”不能用一种形式主义代替另一种形式主义

中央“八项规定”出台月余后，全国先后有甘肃、江苏、安徽、湖南、新疆、黑龙江、西藏、湖北、青海、福建、浙江、云南、江西、北京、山东、宁夏、天津、吉林、贵州、山西20多个省市自治区公布了具体落实方案。从各地的落实细则内容看，形式主义的比例较高。注重形式主义，必然与“八项规定”的要求相背离，这就需要各地在落实“八项规定”精神的过程中，注意“不能以一种形式主义代替另一种形式主义”。不能简单从形式上来进行一个固化性的规定。中央“八项规定”要求改变文风会风，就是要避免假大空的作风，但实际工作中的问题还是要说清楚、说透彻，简单地用数字或时间长短来限制讲话和发言，也可能该说的话没说清楚，该阐述的问题没阐述明白。让具体落实工作的同志和人民群众搞不明白工作方向和目标。同时，在社会实践中，客观现实情况复杂多变，各种新情况、新问题会随时出现，有的问题“三言两语”就能说明白，有的问题可能需要论证、阐述、评估等才能说清楚。对需要通过一系列程序才能说清楚的事情，局限于字数和时间的限制，必将不利于做出正常决策和落实措施。

三、落实“八项规定”，要尊重社会发展

中央提出“八项规定”，目的是对人民群众反映强烈的干部作风

问题进行监督，遏制党员干部各种显性和隐形腐败损害公共利益的问题。在公共治理中落实中央“八项规定”精神，首先能节省大量的公共资源、避免三公经费不合理的增加。其次能够加强领导干部和人民群众的联系，通过形式务实、接地气的下乡调研，促进领导干部接近人民群众，掌握基层的真实情况，但同时也要符合社会发展和进步的实际状态，不搞形式主义的勤俭节约。以部分省份提出的领导带饭下乡调研为例，要求干部带饭菜下乡，也是形式主义的表现。根据常识，在天气寒冷时，到中午饭会变成冷饭，天气炎热时，饭可能会因较长时间的捂盖变质，“我们的干部也是普通人”，正常的餐饮是保障健康的重要条件，我们要求“以人为本”，不仅仅是对老百姓，对干部也要讲以人为本。组织关心干部身体健康，才能有凝聚力，让党员干部对组织有归属感。改革开放后，全国人民生活水平都提高了，餐桌食物已经比较丰富，简单规定干部下乡自带饭菜，干部因下乡调研开展工作就要吃冷饭菜，这不符合人民群众生活水平提高的现实状况，不是对“八项规定”的正确落实。

（原载《第一财经日报》，2013 年 1 月 10 日）

中纪委监察部108名干部轮岗，推进干部轮换制度发展

【本文形成背景：党的十六大后，开始强调党风廉政建设。为防止干部在一个地方长期任职形成“个人圈子”，为滋生腐败创造条件，中央在干部队伍建设方面，加强了干部异地交流，采取制定党内法规、完善干部任用制度等措施推进干部交流，从制度方面防范可能滋生腐败的社会环境，同时也达到对干部的保护目的。干部大轮岗的现象引起媒体关注，媒体做了本次专访。在专访的基础上形成了本文。】

干部队伍是党执政和国家治理的实施载体，干部队伍的作风和素质决定了国家各层面的治理状况。保证干部履职过程中，减少不正常的干扰和掣肘，需要建设良好的政治生态环境，从客观上减少干部滥用职权的可能性，避免干部形成圈子文化、形成裙带依附关系，所以干部轮岗是一项很好的制度。

一、最大一次干部轮岗交流具有示范作用

中央纪委和监察部门作为党和国家监督干部的专门机构，其自身干部的清正廉洁，是行使监督权的前提。2005年年初，中纪委、监察部进行了历史上人数最多的一次干部大轮岗，共涉及108名局、处级干部。这样规模的轮岗必将产生极大的示范作用，并整体推进干部交流制度的实施，将有利于总结经验，完善干部交流制度，提高国家治理能力和治理水平。这次明确规定轮岗交流条件，五种情况必须跨室、处交流：在机关同一纪检监察室任局级职务满5年；在同一纪检监察室任处级及以上职务满8年；在同一纪检监察室工作满10年；在纪检监察室内同一业务处工作满5年；在案件审理室、信访室、党风廉政建设室、纠正部门和行业不正之风室、执法监察室同一业务处工作满10年。领导级公务员5年就该换岗。[①]这样的轮岗规定，既保证了具体岗位职能的稳定性，又可以避免长期性形成的自我体系。

二、以干部轮岗推进制度和思想建设

中纪委、监察部在内部大规模展开轮岗，和党内依规从严治党的大环境有关。2004年年初，《中国共产党党内监督条例（试行）》和《中国共产党纪律处分条例（试行）》相继出台；2004年年底，《中国共产党党

① 《中纪委监察部108位干部轮岗》，载《新京报》2005年2月2日。

员权利保障条例》颁布实施，这三项党内法规构建了党员干部权力监督体系和权利保障体系，加强了党员干部的纪律约束。结合当时在思想领域全面开展的党员先进性教育，可以看出此次轮岗交流是约束与监督纪检监察干部的一项具体行动，反映了我党从制度和思想教育两个层面强化党员自我约束和接受监督的目的，防患于未然，更好地履职岗位责任。

实践中，公共职权部门的工作人员分管不同的口内事务，在具体岗位时间过长时，会影响对本岗位的监管执行力度。以中纪委、监察部为重点进行干部轮岗，可以避免在具体工作中的熟人“通融”，加强职责监督，防范滥用权力的腐败行为，既做到了秉公履职，也做到了保护干部。中纪委和监察部内部大规模轮岗交流，推进和完善了中央各部委及地方干部之间的交流制度，促进不同地区、部门、层面干部的履职经验交流分享，吸收借鉴成功做法，总结失败教训，探索干部交流体制的发展，引导干部更好地履职。

（原载《新京报》，2005 年 2 月 2 日）

党内六份文件集中出台推进政治文明建设

【本文形成背景：党的十六大后，针对人民群众反映强烈的干部腐败问题，中央通过制定一系列党内法规，推进干部队伍建设，从干部的选拔、任用、辞职等方面加强干部队伍建设，防止权力寻租，预防腐败，同时也是保护干部。2004年3月，中共中央审议通过了《公开选拔党政领导干部工作暂行规定》《党政领导干部辞职暂行规定》《关于对党政领导干部在企业兼职进行清理的通知》《党政机关竞争上岗工作暂行规定》《关于党政领导干部辞职从事经营活动有关问题的意见》及《党的地方委员会全体会议对下一级党委、政府领导班子正职拟任人选和推荐人选表决办法》六个文件。《北京晚报》和《新京报》就这六个文件的意义、功能等对笔者进行了采访，本文在两报采访的基础上形成。】

深化干部人事制度改革，是建立和完善社会主义市场经济体制的客观要求，是推进政治体制改革，建设社会主义政治文明的重要措施。这次颁布的六个文件，以“三个代表”重要思想为指导，坚持干部队伍“四化”方针和德才兼备原则，用科学的制度、把人选准用好，进一步提高领导班子和领导干部的领导水平和执政能力，从组织上保证改革开放和现代化建设的顺利进行。这六个文件的颁布，完善了党政领导干部队伍建设的制度，明确了党政干部选拔、任用、辞用等标准，推进了我国民主与法治的进程，同时也推进了社会政治文明的进步。

一、完善党政领导干部公开选用制度，筑牢国家权力载体基础

党政领导干部是运行国家权力的具体载体，党政领导干部的选任事关国家治理的长期战略问题。完善制度建立一支政治立场坚定、工作能力强、觉悟素质高的党政领导干部队伍是保证国家发展和进步的基础要素。要保证优秀人才选拔到党政领导岗位，公开透明的选拔过程是关键。如果党政领导干部选拔过程的公开度、透明度不够，就容易导致各种用人问题的出现。在六个文件颁布前，在干部任用方面，也尝试过公开选拔等各种举措，但总体讲法治化、规范化不够。此次中央连续颁布党政干部任职的六个文件，将公开选拔、竞争上岗等举措进行了制度化和规范化，其中《公开选拔党政领导干部工作暂行规定》和《党政机关竞争上岗工作暂行规定》对公开选拔和竞争上岗的适用范围、选拔程序、考试考查的方法、纪律和监督等作出了规定。两个文件着重解决以下问题：

一是加大推行公开选拔和竞争上岗两项改革的力度，推进公开选拔和竞争上岗工作的经常化、制度化。明确公开选拔主要适用于党政工作部门的领导成员，竞争上岗主要适用于党政机关或工作部门内设机构的领导干部；公开选拔面向社会选拔，竞争上岗在本单位或者本系统内选拔。同时《公开选拔党政领导干部工作暂行规定》还明确规定了应当进行公开选拔的几种情形。

二是努力提高公开选拔和竞争上岗工作的科学化水平。两个文件都将考试、考查涉及的有关问题作为规范的重要内容，规定要以《党政领导干部公开选拔和竞争上岗考试大纲》为依据，在职位分析的基础上命制试题，提高命题的科学性；对面试小组组成、面试方法等提出明确要求，以增强面试的科学性和公正性；等等。

三是致力于拓宽视野、不拘一格地选拔人才。比如，对国有企业、事业单位人员，海外留学回国人员，非公有制经济和社会组织中的人员参加公开选拔作了原则规定；根据选拔职位对人才的需求和选拔优秀年轻干部的需要，规定可以对报名人员的职务层次、任职年限等任职资格适当放宽。

公开选拔包括岗位公开、选举过程、结果等公开。公开选拔在我国已进行了好多年，从以前的试点到今天成为制度，体现了人事管理的法制化进程。

公开选拔有助于避免暗箱操作、买官卖官等干部任免过程中的腐败行为。公开选拔是对国家、社会和干部本人的负责。但在公开选拔的大方向后，还需要一系列程序性规定保障实施，即关于公开的程序、步骤等。通过公开透明保证公正，同时加强干部考核体系的建立，把既有能力、又有责任感的人切实选拔到岗位上。另外，就竞争上岗来说，要注意程序、过程在系统上下的公开透明，注意征求内部各方面的意见，防止领导的态度左右内部人员的选拔。避免党政干部用人上的为亲不为贤、为亲不为能，拉山头、搞圈子等问题，这会破坏干部队伍的政治生态环境，不利于国家民主政治的进步。

二、完善党政干部任职制度推进政治文明

深化干部人事制度改革，是建立和完善社会主义市场经济体制的客观要求，是推进政治体制改革、建设社会主义政治文明的重要措施。2004 年中央颁布的这六个文件，内容包括干部的选拔任用、能进能出、上级提名、群众无记名投票和日常监督管理等都定型为干部选拔任用工作的基本制度。特别是上级党委提名、群众无记名投票的干部确定方式是我党一直都在积极探索实践的，中央也曾多次发文予以强调，此次首次将其上升到党内规章的高度，体现了制度建设的进步，促进我国政治体制建设和人事制度改革。

上级党委对下级党委的推荐任命应该符合宪法规定；同时，下级党委只有进入政府机构运行公权力，通过为百姓提供满意的公共服务，才能使政府进入正常运转局面。群众参与选举更能调动群众参与社会、国家事务的热情；百姓若不参与，更容易使上级党委对下级党委的任命进入专断局面。

总体看，六个文件的出台，有利于加强干部的监督管理，规范党政领导人才的正常流动；有利于扩大党员和群众对干部选拔任用的知情权、参与权、选择权和监督权，防止和克服用人上的不正之风；有利于营造良好气氛，形成规模效应，从整体上不断推进干部人事制度改革。也是对《深化干部人事制度改革纲要》的进一步落实，体现了党中央大力深化干部人事制度改革，推进社会主义民主政治建设的决心，标示着我国政治文明的进步。

（原载《北京晚报》，2004年9月9日）

党内法规体系为全面从严治党提供制度保障

【本文形成背景：党的十八大后，中央制定了一系列党内法规，完善党的制度，以党法党规推进全面从严治党。在原来2004年试行版的基础上，党的十八届六中全会颁布了《中国共产党党内监督条例》和《中国共产党纪律处分条例》两部党规的正式版，是以制度全面从严治党的直接体现。本篇是媒体针对党内法规的作用、功能、价值等进行的采访。本文在笔者采访内容的基础上，补充修改形成。】

2003年12月《中国共产党党内监督条例》(以下简称《监督条例》)修订完成，公布实施，党内法规体系逐渐完善，党内权力运行制度、党内监督制度、党内问责制度、党纪处分制度已经基本完备，落实对党员和领导干部的监督实际是保障国家公权力在法治轨道上运行，为全面从严治党提供执政党自身组织建设的制度保障。

一、为党内监督提供制度保障

《监督条例》作为党内法规，从三大块完善了党内监督制度，一是从党法的立法目的和依据，明确监督条例的指导思想、基本原则、监督内容、监督对象、监督方式以及就强化自我监督、构建党内监督体系等重要问题作了规定。二是从党的中央组织、党委（党组）、党的纪律检查委员会、党的基层组织和党员这四类监督主体的监督职责以及相应监督制度作出了规定，形成了党中央统一领导，党委（党组）全面监督，纪律检查机关专责监督，党的工作部门职能监督，党的基层组织日常监督，党员民主监督的党内监督体系。三是从党内监督和外部监督相结合、整改和保障等作出了规定。《监督条例》为党内监督提供了刚性的制度保障。对党内监督程序、监督依据、监督途径等进行了明确和细化，具备了切实的可操作性，保证了监督的落实。

二、党内监督制度逐步完善

早在中国共产党成立之初，就把“党内监督”作为加强党建的重要内容，并明确体现在“地方委员会的财务、活动和政策，应受中央执行委员会的监督”等条款中，奠定了党内监督的基础。长期以来，党中央高度重视党内监督，不断采取有力措施，完善党内监督制度。《监督条例》是中央颁布的第一个党内监督专门法规。构建了一个党内监督体系，使加强党内监督、维护党的团结统一有了具体的制度保障。从《中国共产党党内监督条例（试行）》到《中国共产党党内监督条例》，去掉“试行”两个字，说明党内监督制度逐步走向完善。

《监督条例》修改过程非常慎重，说明我们党在制定党内法规时，坚持法治意识和规则意识，依据严格程序起草、审议、出台党规，确保党规的科学性、合理性和可操作性。

三、从严治党有了制度保障

党的十八大以来，随着党的作风建设和反腐败斗争不断深入，从严治党的制度建设也紧紧跟上。我们党制定了一系列党内法规和制度，推进从严治党。2012 年 12 月，中共中央政治局召开会议，审议通过了中央政治局关于改进工作作风、密切联系群众的“八项规定”。2015 年 8 月，为了规范中国共产党的巡视工作、强化党内监督，颁布实施《中国共产党巡视工作条例》。两个月后，为严肃党的纪律、坚持从严管党治党，印发了《中国共产党廉洁自律准则》和《中国共产党纪律处分条例》。2016 年 6 月，中共中央政治局召开会议，审议通过了《中国共产党问责条例》。同年 10 月 27 日，中国共产党第十八届中央委员会第六次全会通过了《中国共产党党内监督条例》。至此，可以说我们的党内法规体系已经逐渐完善，党内权力运行制度、党内监督制度、党内问责制度、党纪处分制度已经基本完备，落实对党员和领导干部的监督实际是在保障国家公权力在法治轨道上运行，为全面从严治党和依法治国提供执政党自身组织建设的制度保障。党内法规建立的各项制度，能够标本兼治，并把“治本之策”落到实处。

（原载《法制日报》，2016 年 11 月 1 日）

一般行政机关无权处置公民举报官员腐败问题

【本文形成背景：2012年12月，网上有媒体人发帖举报原国家能源局局长和情人共同腐败，损害国家利益，国家能源局办公室第一时间出来表态，为能源局局长辩护，声明要依法维权。媒体就怎么看待能源局的官方表态行为采访了笔者。本文在采访稿基础上形成。】

2012年12月6日上午11点，《财经》杂志副主编罗昌平实名在新浪、腾讯两家微博上各连发三条微博，实名向中纪委举报正在莫斯科出席中俄能源谈判的国家发改委副主任、国家能源局局长、中俄能源谈判中方副代表刘铁男。指称刘铁男涉嫌伪造学历、与商人倪日涛结成官商同盟并为其情人介绍工作。在没有执法部门对此表态的情况下，4个小时后，刘铁男所在的国家能源局新闻办公室有关负责人对媒体表示，说罗昌平所言“纯属污蔑造谣”，“我们正在联系有关网络管理部门和公安部门，正在报警、报案。将采取正式的法律手段处理此事”。对公民在微博上实名举报政府官员，在被举报本人没有反驳的情况下，其所在单位以组织名义回应公民举报需要探讨其合法性、可行性。

一、对实名微博举报者应予保护

我国公民享有宪法保护的监督权，《宪法》第41条规定："中华人民共和国公民对于任何国家机关和国家工作人员，有提出批评和建议的权利；对于任何国家机关和国家工作人员的违法失职行为，有向有关国家机关提出申诉、控告或者检举的权利，但是不得捏造或者歪曲事实进行诬告陷害。对于公民的申诉、控告或者检举，有关国家机关必须查清事实，负责处理。任何人不得压制和打击报复。"公民依法实名举报公职人员，是行使宪法权利的直接表现，对公民行使监督权的申诉、控告和检举，有关国家机关应该在查清事实的基础上给予回复，而无此项职权的国家机关、社会组织回应公民的申诉、控告和检举，明显与法无据。实名举报是指举报人使用自己的真实姓名，以来信、来访、电话、传真、电子邮件、公开发布等形式，向纪检监察机关检举控告党员、党组织及行政监察对象违纪违法问题的行为。真实是第一要件，身份真实，姓名真实，包括其他法律要件真实。在互联网时代实名微博举报应是实名举报的一种形式，微博只是表达举报内容的一种途径。这种行使监督权的举报行为受国家宪法和法律的保护，只要举报内容不是捏造事实诬告陷害，无论公民用何种形式行使监督权都受法律保护，并对抗任何组织和个人的打击报复行为。

二、国家能源局回应举报的行为属于超越职权

根据《宪法》第41条的规定，对公民举报国家公职人员违法违纪行为，应该由依法负责处理此类事件的国家纪检、监察和检察机关回应，从职权法定的角度讲，其他机关无此职能。国家能源局针对公民实名举报，在几个小时内就进行否认的回应，首先，国家能源局负责国家能源管理，其对公民举报违法违纪行为没有回复处置权力，其回复不会产生法律上的应然效果。其次，有权受理公民举报的国家机关，对举报人反映的情况需要进行调查核实，这需要时间和过程，针对本案公民举报的违法违纪腐败行为等，回应的部门应该是纪检监察部门或发改委、能源局的纪检部门。由能源局新闻办公室发声明，可信度只能大打折扣，因为新闻办公室并不具有就此类事情发言的职能。

三、被举报官员单位对公民举报官员行为不具有报警报案的主体资格

从主体资格上说，本案公民举报的主体是刘铁男不是国家能源局。如果被举报人认为举报行为是捏造事实诬告陷害的行为，损害了自己的声誉，被举报人可以向有关部门反映情况和报案，不应由国家能源局报案。国家能源局不是被举报主体，举报内容也没有针对国家能源局，其作为国家机关超越职权范围代表公职人员回应举报问题，不具有对抗举报行为的主体资格，回应举报行为的主体应该是有关纪委、监察、检察

机关或被举报人本人，被举报人所在单位匆忙出来辟谣，明显不符合基本法理，没有法律上的权利与义务关系。同时，国家能源局作为代表公权力的国家组织机构，其针对公民举报国家机关公职人员个人违法违纪的行为进行报案，有用公权力对抗私权、滥用职权之嫌，其没有法律上报警、报案的主体资格，且明显有借公权力威胁打击举报人的意图，这更是体现了以权谋私之目的。

（原载《21世纪经济报道》，2012年12月7日）

反腐五年工作规划建评估体系促实施

【本文形成背景：党的十六大召开以来，中央就不断强调干部队伍廉政建设，党的十七大后，中央通过制定反腐败工作五年规划，细化反腐败工作的具体时间表，要求切实把反腐败工作落到实处。当时《新京报》记者就此反腐败规划对多位学者进行了采访。今天回看中央确实落实了12年前制定的反腐败规划，且已取得了巨大成效。本书整理出版时，笔者在原采访内容的基础上进行了修改补充，形成本文。】

伴随着中国经济的快速发展，社会财富的增长，党政干部利用权力谋取私利的腐败问题引起人民群众的强烈不满，腐败行为严重破坏党执政的群众基础，中央下决心治理腐败，从严治党管党。在2008年6月22日，中共中央印发了《建立健全惩治和预防腐败体系2008—2012年工作规划》（以下简称《规划》）。《规划》共由八部分组成，第一部分明确了今后五年惩治和预防腐败体系建设的指导思想、基本要求和工作目标，其他七部分是教育、制度、监督、机制改革、纠风、保持反腐、落实反腐等工作，进行了整体部署。未来五年的反腐工作目标是建成惩治和预防腐败体系的基本框架，初步建立拒腐防变教育长效机制，较好健全反腐倡廉法规制度，基本建成权力运行监控机制，从源头上继续深化改革防治腐败的体制，明显改进党风政风，腐败现象进一步得到遏制，人民群众的满意度有新的提高。《规划》确定的反腐败目标正在逐步实现。

一、进一步推进反腐败工作的制度化和系统化

有公权力的地方就会滋生腐败，反腐败是国家权力运行面临的长期任务，需要从预防和惩治两个层面制定长效机制。中央颁布的《中共中央惩治和预防腐败体系实施纲要》(以下简称《实施纲要》)，是首个国家层面的全局反腐败工作规划，是推进惩治和预防腐败体系建设的指导性文件，该规划的颁布意味着党和政府进一步推进反腐败工作的制度化、系统化、长期化。如同经济和社会发展的五年规划一样，今后我们也有望在反腐败工作上按部就班，按照规划统筹相关工作，按顺序实施相关政策，推进反腐败工作的不断胜利。

为保证《中共中央惩治和预防腐败体系实施纲要》的实现，需要各地在《规划》指导下制定行之有效的实施办法，要在全社会普遍建立评估指标、定期考察、考评标准，中长期目标，提升反腐败工作的效果和促进反腐败工作的规范化，切实按照《实施纲要》的内容，用《规划》有步骤、有计划地推进反腐败工作，实现制定《规划》的目的。

二、完善党内监督和党外监督机制

反腐败需要党内自我监督和党外监督的相互配合，《规划》特别强调党内监督和党外监督同等重要，要坚持党内监督与党外监督相结合，增强监督合力和实效，加强部门协作，充分发挥各种监督主体的作用，加强和改进党内监督，支持和保证人大监督、政府专门机关监督、司法监督、政协民主监督、群众监督和舆论监督，形成监督合力。建立预防腐败信息共享机制和腐败风险预警机制。完善监督制约机制，建立健全决策权、执行权、监督权既相互制约又相互协调的权力结构和运行机制。

党内监督，完善党内民主和党内监督制度，在发扬党内民主的基础上，坚持上级党委领导，实现决定重大问题和任用重要干部票决制，发扬党内民主，带动人民民主，既推进党内监督，又推进党外监督。党外监督，就是要符合民意，这里面的法理逻辑还在于我们实行的根本政治制度——“人民代表大会制度”。人民代表是代表人民行使国家权力，人大代表对政府和司法机关有监督权和质询权等，可以审查政府的政策、施政行为和司法机关的活动是否符合民意和民利，党内民主可以更好地促进党的政策符合人民的要求，党外民主可以更好地监督党是否按照人民授权行使权力，更好地实现人民利益。

三、建评估体系促进反腐规划实施

保证规划确定的工作目标实现，就要保证《规划》的实施，《规划》

制定后五年的基本工作是建成惩治和预防腐败体系基本框架，拒腐防变教育长效机制，反腐倡廉法规制度和权力运行监控机制。除此更重要的是建立反腐败评估体系，对各项指标体系进行适时评估，保障规划落地。同时可借鉴国外通行的做法，在反腐败问题上除政府的指标外，还有专门的非政府机构定期评价反腐成效，并进行制度建言。就评估而言，制定一套系统化和精细化的标准相当重要，可以借鉴国外的经验，通过科学制定一系列评估指数来保证规划实施，如将审计部门每年的审计情况与上年对比，形成参照指数，对各级政府预算草案的执行情况作为指数进行打分。这样的评估体系，会客观评价反腐败成绩，促使纪检、监察和其他有此项职权的机构积极履职。此外，还可以在总参数外辅以动态的调整指数，类似于今年面临的物价上涨形势，“假设物价上涨10%，之前的预算为1000万元，年底的花费就只能是1100万元，超过这个数就不合理”。

除科学有效的评估外，还需保证各项工作的公开透明，阳光下的权力就没有腐败，只有把公务行为置于阳光下进行，公开透明，就能预防腐败。在阳光反腐方面，一些地方实践在先，早在2006年，成都市就推行了“阳光财政”和“阳光工资”，从领导到基层公务员，每次公务用车、公务消费的情况，都向社会进行公开，有效地防止了职务消费领域的腐败行为。

《规划》目的是有计划地制定制度惩处和预防腐败。通过加强反腐倡廉的国家立法工作，适时将经过实践检验的反腐倡廉具体制度和有效做法上升为国家法律法规，是实现制度反腐败的保障。时至今日，国家有计划、分步骤地制定或修订一批法律、法规和条例，制定国家监察法，改革了国家监察制度，通过制度和法律推进和完善了制度惩处和预防腐败体系，且已取得了巨大成效。

（原载《新京报》，2008年6月24日）

新时期党的执政能力建设“答卷”

——中共中央关于加强党的执政能力建设的决定

【本文写作背景：党的十六届四中全会通过了《中共中央关于加强党的执政能力建设的决定》，中央专门以全会报告的形式强调“党的执政能力建设”，为什么这样做，意义是什么？《北京晚报》记者就此对多位学者进行了采访。笔者在整理本文结册出版时，对标题从《专家解读新时期党建答卷》调整为现在的题目。同时，在采访笔者内容的基础上进行了修改和补充，形成了本文。】

今天，中国共产党已经由一个受到外部封锁和实行计划经济条件下领导国家建设的党，转变为一个在对外开放和发展社会主义市场经济条件下领导国家建设小康社会的党，这些变化为中国共产党提出了国家治理新课题。在新的历史条件下，使社会主义与市场经济结合起来，使党能够在对外开放和发展社会主义市场经济条件下，始终为人民执好政、掌好权、服好务，始终成为中国特色社会主义事业的坚强领导核心，就需要不断提高执政能力。2004年9月26日，党的十六届四中全会通过《中共中央关于加强党的执政能力建设的决定》(以下简称《决定》)，从我党历史角度全面总结党的执政经验，对党的执政能力建设需要加强和提高的问题做系统说明，指明了党的执政能力建设方向，是一部指导全党担当起执政兴国历史使命的重要纲领性文件。

一、确定执政宗旨，阐明党的执政能力建设总体目标

首先，《决定》阐明了党的执政宗旨、执政目标和执政思想三大根本问题。指出，加强党的执政能力建设的总体目标是：通过全党共同努力，使党始终成为立党为公、执政为民的执政党。其次，执政理念坚持科学、民主、依法，使自己成为科学执政、民主执政、依法执政的执政党。这三个理念不但能保障我党始终充满生机活力，同时也能保障党与群众的血肉联系，保障党的执政尊重科学和始终正确。最后，《决定》指明党的执政总目标体现了党的指导思想在不断与时俱进，党对于重大问题的理论思考也是实事求是并且不断地开拓马克思主义理论发展的新境界。要成为求真务实、开拓创新、勤政高效、清正廉洁的执政党。在执政中，思想上始终坚持和做到“三个代表”，永远保持党的先进性，经得住各种风浪考验，带领全国各族人民实现国家富强、民族振兴、社会和谐、人民幸福的执政目标。

二、明确主要任务：着重加强五项执政能力建设

改革开放以来，我国经济在迅猛发展的同时，政治文明和精神文明建设没有同步跟上来，对此，《决定》从党的执政能力建设的任务层面提出了具体要求，指出，当前和今后一个时期，加强党的执政能力建设的主要任务是：按照推动社会主义物质文明、政治文明、精神文明协调发展的要求，不断提高驾驭社会主义市场经济的能力、发展社会主义民主政治的能力、建设社会主义先进文化的能力、构建社会主义和谐社会的能力、应对国际局势和处理国际事务的能力。《决定》强调上述五项执政能力的建设，正是保障社会均衡发展的重要前提。只有物质文明、政治文明和精神文明均衡发展，社会才能走上健康全面的前进轨道。同时，五项能力的建设，也将使党的执政方略更加完善、执政体制更加健全、执政方式更加科学、执政基础更加巩固。

三、建立领导个人重大事项报告制，确保人民赋予的权力为人民谋利益

针对党执政以来，特别是改革开放后，在经济快速发展的同时，党内不断出现腐败等各种问题，严重损害党的执政形象和执政根基的问题，《决定》规定了一系列制度，预防和制约党政干部滥用职权，提高党执政能力建设，主要有：建立健全领导干部个人重大事项报告制度、述职述廉制度、民主评议制度、谈话诫勉制度和经济责任审计制度，依法实

行质询制、问责制、罢免制。通过这八项制度，切实制约和监督领导干部依法用权，防范权力腐败、获取不法经济利益，推进社会主义民主的制度化、规范化和程序化，保证人民当家做主，贯彻依法治国基本方略，提高依法执政水平。加强对权力运行的制约和监督，实现人民赋予的权力用来为人民谋利益的目的，实现提高执政能力的目的。

四、构建和谐社会让全体人民各尽其能、各得其所

我们党作为马克思主义执政党，执政的最终目的是消灭阶级，建立人民各尽其能、各得其所的共产主义社会，《决定》对实现这一目标指明了具体的实现路径。《决定》指出："形成全体人民各尽其能、各得其所而又和谐相处的社会，是巩固党执政的社会基础、实现党执政的历史任务的必然要求。要全面贯彻尊重劳动、尊重知识、尊重人才、尊重创造的方针，不断增强全社会的创造活力。""和谐社会与执政党对社会事务调控能力的驾驭能力与执政水平紧密相关"，和谐社会包括社会精神的和谐与社会发展的和谐，反映在人文和自然两个方面，一个是社会自身的发展，另一个是人类和自然的和谐。平衡不同社会主体利益，在社会主体通过劳动，各尽所能的前提下，发挥社会主体的创造活力，从政治、思想和经济上营造和谐社会。表明党的执政能力的高低与保持国家沿着法治轨道正确发展方向前进紧密相关。

五、加强党的建设，严控选任制干部任期内职务变动

国家发展，需要一支稳定的干部队伍，特别是主要领导干部的稳定对地方和各部门的长期战略发展至关重要，《决定》对此强调的一个重点就是以提高党的执政能力为重点，全面推进党的建设。指明：要坚持用邓小平理论和“三个代表”重要思想武装全党，不断提高马克思主义理论水平；深化干部人事制度改革，建设一支善于治国理政的高素质干部队伍；坚持党管干部的原则，严格控制选任制领导干部任期内的职务变动；加强党风廉政建设，深入开展反腐败斗争。《决定》明确严格控制选任制领导干部任期内的职务变动等具体规定，体现的是对通过合法程序和途径选任的领导干部的法律结果的尊重。领导干部任期内的职务变动，需要通过程序化和法治化，避免人为因素的不合法干预。遵从法律，尊重法律结果，加强党风廉政建设，杜绝腐败，不断提高党的执政能力和国家治理能力，早日领导中华民族实现伟大复兴。

（原采访载《北京晚报》，2004 年 9 月 27 日）

审计治理双剑下：既打雷又下雨

【本文形成背景：2004 年全国“两会”期间，国家审计署署长李金华向全国人大常委会提交“审计报告”时提到了国家审计署在审计工作中“发现的多种问题”，引起社会各界高度关注。《中国经营报》记者遂就审计与治理问题，采访了包括笔者在内的多位学者。在笔者采访稿内容的基础上，补充形成本文。】

在 2004 年 6 月第十届全国人大常委会第十次会议上，国家审计署署长李金华提交的“审计报告”成为一颗“重磅炸弹”，他说在审计中发现很多问题，这在全国范围内引起了强烈反响。社会普遍关心那些被审计出重大问题的单位和责任人，是否受到了应有的惩罚？社会普遍认为国家审计拉开“审计风暴”后，更应该针对被审计问题形成“治理风暴”。在现代法治国家，各国为保证国家预算案的执行，防范挪用、贪污、浪费等不遵守国家法律的财政腐败行为，都建立了预算审计制度，监督国家预算案的实施。我国在1982年宪法里明确建立审计制度，2004年6月中央公布的《中共中央关于加强党的执政能力建设的决定》强调建立党政干部经济责任审计制度，目的也是监督公共性财产的使用、受益等，防范滥用职权，对公共性财产造成损失。2003年我国掀起了“审计风暴”，但审计后，对暴露出问题的治理是审计目的能够实现的关键环节。若审计结果不真正落地，国家建立审计制度的目标就难以实现。

一、审计结论的认定标准

党的十六大决议，要求加强党的群众工作，从严治党，推进反腐败工作。审计监督是防范腐败的重要措施，在2004年两会期间，社会对此前席卷全国的“审计风暴”普遍认为存在的突出问题是“审计难，处理更难”。

根据审计机关的法律地位，审计部门的职责是审查各单位的账目，对审计中发现的不符合财务制度、违反规定的账目，交由其他部门查处，审计部门自身不具有直接处理被审计单位的职权，对审计结论的处置有时需要同级别多个执法部门甚至上级领导部门共同查证。同时对被审计出问题的单位也要具体情况具体分析，要根据被审计出的问题性质确定责任。如果是一般的违纪行为，还没有上升到法律层面，就应该按照内部规章制度来进行处理，如给予内部行政处分、纪律处分。实践中，审计部门对自己查出问题只有建议权，没有直接处置权，发现问题之后一般是交给纪检部门、监察部门、检察部门和被审计单位的上级部门等来落实相应的处理，构成违法犯罪的要移交司法机关。

对被审计出问题的单位，如果对审计结果表示异议，如国家电力总公司、国家体育总局、中国工商银行上海分行等单位。审计机关或部门有义务征求被审计单位对初步审计报告的意见，被审计单位也有权利要求查核审计报告，对初步审计报告发表意见。即使是审计机关已审定的审计报告，被审计单位也有权利表达自己不同的意见，也可以依法要求复审或行政复议。被审计单位有权利表达意见和为自己的问题进行辩护，但都必须通过正当的、合法的程序来进行。如果是随意地、不合规定程序地，甚至故意歪曲事实地进行“质疑”，那就是违反法律制度规定，严重的要追究法律责任。在对待审计结果方面，审计部门和被审计部门双方都应坚持公平、民主和法治的基本准则。如果双方达不成一致意见，审计部门作为国家的专门经济监督部门，在审计单位与被审计单位双方就有关问题发生争执时应以审计部门的结果为准。被审计单位如果没有充分证据推翻审计结果，我们就应该认定审计结果是正确的。审计部门作为法定监督部门，对自己、对被审计单位都要依法负责任，而国务院、全国人大等上级部门应该支持审计部门履行职能，据实认定审计报告的结论，维护审计权威，维护国家法治。

二、被审计单位自查行为不属于国家审计行为

一些单位被国家审计部门审计后，发现存在违反财经纪律或法律的问题，一般要求“问题单位”先进行内部自查，有时一些被审计单位虽然公开承认被审计出的问题，但在处理被审计出的问题时，常常不疼不痒地用“整改”两字应付，而不真正解决问题。允许被审计出问题的单位自查，仅是促使问题单位自我反省和弥补错误的一项事后补救措施，其不能作为对被审计出问题单位的最终处理结论。被审计单位在被通知有问题后，单位内部的自查仅是单位内部的事，而自查的力度是有限的，这时还是应该由其他职能单位根据法定的程序依法处理，并对相关人员实行问责制，才能有效实现审计目的。中国人有“家丑不外扬”的思想，在内查不到位的情况下，外查应该跟上去，只有内查与外查相结合，才能对违反财政制度或预算的行为产生威慑力，树立审计部门的权威性。审计的重要社会功能就是起到事前预防和预警作用，事后起到纠错和减少损失的目标。同时要明确，被审查单位的自查行为不是审计部门的审计行为。审计机关或部门对被审计单位自查出的问题与审计查出的问题在定性处理上是区别对待的，被审计单位不能将审计出的问题说成是自查的问题，以减免责任。

三、依法严格追究审计出的违法违纪行为责任

审计部门通过审计发现问题后，只有对发现的问题依法治理，才能

实现审计工作社会功能。在“审计风暴”过后，就应是“治理风暴”。

2004年前的20年来审计部门对相关部门的审计，是和国家大的体制相关联的，也与温家宝总理倡导的“执法有保障、有权必有责、用权受监督、违法受追究、侵权须赔偿”精神相符合。2004年以后审计还会涉及民营企业的审计，防止有人利用民营企业“洗黑钱”，以促进整个市场经济的良性运作。只有社会各部门的协力合作，才能将审计的结果落实。审计部门是多种职能的综合体现，“治理风暴”何时到来的问题，实际是审计结果何时兑现的问题。

我国《宪法》第91条规定：“国务院设立审计机关，对国务院各部门和地方各级政府的财政收支，对国家的财政金融机构和企业事业组织的财务收支，进行审计监督。审计机关在国务院总理领导下，依照法律规定独立行使审计监督权，不受其他行政机关、社会团体和个人的干涉。”但地方审计机关实行的是“双重领导制”，在人事、人力、经费、权力等方面存在不少干扰因素。中央和地方审计机构的这种“体制”，客观上也影响审计效力。造成“审计困境”的原因是多方面的，一是制度使审计的“刚性”没有体现出来；二是审计部门不能使有问题的审计对象及时受到处理，而只能向有关部门建议，这就使审计权威大打折扣。双重管理体制对审计部门职责的落实确实会有影响，若形成单一的垂直领导体制，地方审计部门相对独立了，受到的阻力也就小多了。

（原载《中国经营报》，2004年8月2日）

以党内法规严惩十类违纪行为

【本文形成背景：党的十六大后，中央以党内制度建设为抓手，通过颁布党内法规，制定制度，加强廉政建设，明确从严治党的具体操作依据，保证从严治党落到实处。2004年2月18日，《中国共产党纪律处分条例（试行）》（以下简称《处分条例》（试行））颁布，进一步完善党规和制度建设。2015年10月18日，在《处分条例》（试行）的基础上，中共中央印发了《中国共产党纪律处分条例》（以下简称《处分条例》），不再试行。《处分条例》对维护党章和其他党内法规、严肃党的纪律、坚持从严管党治党发挥了重要作用。党的十九大将纪律建设纳入新时代党的建设总体布局。2018年8月18日，党中央根据新的形势、任务和要求，对条例予以修订完善。本书整理出版时，笔者在采访内容的基础上，根据新条例对内容进行了修补和更新，形成了本文。】

党的十六大报告提出加强和改进党的作风建设，深入开展反腐败斗争，维护党和人民的血肉联系，通过教育和制度推进反腐败工作。2004年2月18日，中央发布了《处分条例》（试行）是对党的十六大提出的用制度推进党的建设和反腐败工作的具体落实，也是对1997年2月颁布的《中国共产党纪律处分条例（试行）》的完善，这个《处分条例》（试行）违纪界限更加清晰，对违纪的定性更加准确，处罚更加公正，是中共中央颁布的又一部关于党的纪律和纪律处分的重要党内法规。

与《处分条例》（试行）颁布的前一天2004年2月17日公布的《中国共产党党内监督条例（试行）》（以下简称《监督条例》（试行））相互配合呼应，《处分条例》（试行）作为《监督条例》（试行）配套实施的党内法规，是对《监督条例》（试行）内容的具体落实。《监督条例》（试行）侧重于事前监督，将领导干部列为监督重点，加强预防；《处分条例》（试行）则侧重于事后处理，针对全体党员和党的各级组织，加强事后责任追究。二者在内容上相互补充，共同体现了从严治党、依法治党的精神主旨。同时两者均是依规治党，加强党规建设的里程碑式的文件。《处分条例》（试行）完善了下列制度。

一、党纪政纪国法衔接更加紧密

纪律作为道德规范和法律规范之间的一种中间规范，应当起到查漏补缺、弥补法律和道德空当的作用。《处分条例》（试行）在严格三者界限的同时，实现了和政纪、国法的严密衔接。对违反党纪的行为，依据《处分条例》（试行）追究责任。《处分条例》（试行）第96条规定：

“党和国家工作人员或者其他从事公务的人员，其财产或者支出明显超过合法收入，差额较大的，可以责令其说明来源，本人不能说明其来源是合法的，差额部分以非法所得论，给予严重警告或者撤销党内职务处分；情节严重的，给予留党察看或者开除党籍处分。”新设立的违纪条款和即将通过的《刑法》第六修正案中的“巨额财产来源不明罪”相衔接，《处分条例》（试行）第 38 条对失职、渎职行为有关责任人员的区分进行了详细的规定，第 32 条关于“党员受到党纪追究，需要给予行政处分或者其他纪律处分的，作出或者批准作出处理决定的党组织应当向有关机关或者组织提出建议；涉嫌犯罪的，应当移送司法机关”等规定与《刑法》中的处理方案、处理手段和处理力度做了具体的区分，理顺了党纪、政纪和国法关系，体现了我党依法依规治党的法治思想。党规和国法的衔接，预防了钻政策或法律空子的违纪违法腐败行为，可以从源头上遏制腐败的发生。

二、撤销违纪干部职务要从最高职务开始

严格党的纪律是我党能够领导新民主革命胜利，取得执政政权的重要保障。革命战争年代，党制定的“三大纪律八项注意”“不拿人民一针一线”，打下了坚定的人民基础。我党从最高领导人到普通战士都遵守了这一铁的纪律，是我党胜利的法宝。重视纪律建设是我党建设的优良传统，中共二大就在党章中将违纪单独列为一章，到 2004 年我党作为一个有着 6700 多万党员的大党，严明的纪律，是加强党的执政能力

建设的重要保证，《处分条例》（试行）的颁布，更加强调“党要管党、从严治党”的方针，而且要从高层从严治理，推进全面从严治党。

《处分条例》（试行）第13条规定，如果决定撤销某人的职务，则必须从其担任的最高职务开始依次撤销。职务越高，所造成的影响也越大，对社会的危害也越大。同时，从最高职务开始依次撤销也是一种预防，一旦出现了违纪事件，如果小的职务撤销了，大的职务不动，那么这种危害人民利益的隐患依然存在。从最高职务预防是降低腐败损害的最好方法。

三、加强保护力度，保障民主权利

保证党员的民主权利，也是从严治党的重要内容。这次《处分条例》（试行）一个令人瞩目的变化就是在体现从严治党的同时，对党员干部的违纪行为的处理强调在定性量纪上要定性准确、证据充实，要以事实为根据，办成铁案，在程序上保护受处分党员的民主权利。将原来1997年试行版规定的“保护党员民主权利”，改为第2条规定的“保障党员民主权利”，从“保护”到“保障”，一个字的微妙变化体现了对党员民主权利保护力度的加强。《处分条例》（试行）第42条还规定：“党纪处分决定作出后，应当在一个月内向受处分党员所在党的基层组织中的全体党员及其本人宣布……”处分的程序更加规范、透明，能够保证被处分的党员及时知晓处理结果，并对认为不准确的处理结果寻求新的救济，更好地保障党员的民主权利和其他各项人身权利。2018年正式版的《处分条例》在保留上述内容的情况下，进一步加强对党员民主权利的保障，其第42条规定，执行党纪处分决定的机关或者受处分党员所在单位，应在6个月内将处分执行情况向做出或者批准处分决定的机关汇报。党员对所受党纪处分不服，可以依据党章及有关规定提出申诉。

四、党员不得从事有偿中介活动

改革开放以来，党政干部腐败行为多和经济利益相关，《处分条例》（试行）与1997年版的试行条例比较，最大变化体现在涉及经济问题的内容部分，不但篇幅从原来的一章拓展到现在的四章，更把领导干部，尤其是“一把手”廉洁自律方面的违纪行为放在了首要的位置。作为我党反腐败的三项工作之一，廉洁自律的问题大量地反映在经济领域，加强经济领域的反腐预防，有助于从源头预防腐败行为的发生。《处分条例》（试行）归纳了近年所有关于廉洁自律的党内文件，并总结了近年来新出现的许多经济违纪问题，新增了许多条款，从细节上强调领导干部以权谋私，损害公共利益的表现，既促进了领导干部廉洁自律，也加强了对领导干部的保护。

比如，《处分条例》（试行）第76条首次规定，党员领导干部的配偶、子女及其配偶，违反有关规定，在该党员领导干部管辖的区域或者业务范围内从事可能影响其公正执行公务的经营活动；第77条新增了不许党员从事有偿中介活动的规定；第78条新增了“购买、更换超过规定标准的小轿车或者对所乘坐的小轿车进行豪华装修”的情形；第

92 条新增了向党和国家工作人员或者其他从事公务的人员介绍贿赂的情形；第 107 条则将过去偷税、抗税才会受到处分的情形变更为现在的“不履行法定纳税义务，情节较轻的，给予警告或者严重警告处分；情节较重的，给予撤销党内职务或者留党察看处分；情节严重的，给予开除党籍处分。”即只要存在不履行义务的情节，就会受到相应处分。和 1997 年版的相比，明显地加强了对党政干部履责要求，规定更加严厉，也更加全面，体现了我党从严治党的决心。2018 年的处分条例在完善上述制度的同时，进一步细化完善党员干部不得从事有偿服务的制度条款。

五、把严守政治纪律放在突出位置

长期以来，某些党员漠视政治纪律，在他们的头脑中甚至形成了“政治违纪不算违纪”的错误认识，在大是大非面前不能和党中央保持一致。在 2004 年 1 月 11 日召开的中纪委三次全会上，胡锦涛总书记强调要加强党员干部的政治纪律、组织纪律、经济工作纪律和群众工作纪律。这次修改后的《处分条例》（试行）将党员干部的政治纪律放在了突出的位置加以强调，目的就是突出党员必须遵守政治纪律的基本要求，坚持马克思主义的政治信仰，这是每个党员必须做到的，也是领导中国人民坚持走中国特色社会主义道路的基本前提，2004 年《处分条例》（试行）强调政治纪律，通过党内法规的强制性要求，澄清党内认识，提高党员政治觉悟。2004 年《处分条例》（试行）第 46 条新增：“坚持资产阶级自由化立场，公开发表反对四项基本原则，或者反对改革开放的文章、演说、宣言、声明等的，给予开除党籍处分。”第54条规定：“在国（境）外、外国驻华使（领）馆申请政治避难，或者违纪违法后逃往国（境）外、外国驻华使（领）馆的，给予开除党籍处分。”这些维护党的形象和强调党和国家利益的条款是前所未有的规定。

对政治纪律的重视还体现在2004年《处分条例》（试行）第64条的规定：用人失察失误造成严重后果的，追究主要责任者和其他直接责任人员；在选举中，进行违反党章、其他党内法规和国家法律、法规以及其他有关章程活动的，追究主要责任者和其他直接责任人员。强调了党员干部在用人选人方面必须对组织负责，遵守政治纪律，违反组织纪律、拉关系、贿选和在干部任用中搞小动作，导致不良后果的都进入了党纪监察的范围之内，强化了对党员党性要求和判定标准。2018年《处分条例》进一步完善政治纪律的内容和处分责任，第76条规定“在干部选拔任用工作中，有任人唯亲、排斥异己、封官许愿、说情干预、跑官要官、突击提拔或者调整干部等违反干部选拔任用规定行为，对直接责任者和领导责任者，情节较轻的，给予警告或者严重警告处分；情节较重的，给予撤销党内职务或者留党察看处分；情节严重的，给予开除党籍处分。用人失察失误造成严重后果的，对直接责任者和领导责任者，依照前款规定处理。”2018年《处分条例》对违反政治纪律的表现规定得更加具体清晰，使党员干部能够对号入座，检查约束自己。

六、遏制基层腐败，首次锁定农村

我国农村人口占全部人口的绝大多数，1949 年我党能取得革命胜利，关键是在长期的革命斗争中，采取农村包围城市的政策，得到广大农村人民群众的支持，奠定了胜利的社会基础。党中央针对改革开放后，农村基层出现的腐败现象，严重损害广大农民利益的问题，2004 年《处分条例》（试行）首次将眼光对准农村和基层党组织。“农村党组织、社区党组织和村民委员会、社区居民委员会等基层组织中的党员从事下列公务，利用职务上的便利，非法占有公共财物，挪用公款，索取他人财物或者非法收受、变相非法收受他人财物为他人谋取利益的，分别依照本条例第 83 条、第 94 条、第 85 条规定处理。”《处分条例》（试行）第 95 条首次将农村基层党组织的问题单独提出，这一条明确规定了基层党员处罚的标准，对于遏制基层腐败，保护农民合法权益，打牢党的群众基础是十分及时、必要的。2018 年《处分条例》继续保持了这一态势，坚决打击小官大贪，老虎苍蝇一起打。

七、重婚包养情人均要开除党籍

党员干部是群众中的先进分子，维护社会道德，引领社会良好风气，是党员的义务。随着我国法治的不断进步，国家注重保护公民人身自由，有的党员干部认为婚姻家庭是个人私生活内容，属于个人人身自由范围，不受组织纪律约束，有些党员干部甚至以有情人为荣，从已经落马的腐败官员的行为看，多数人都有情人，他们严重违反社会道德标准，败坏社会风气，也违反民事法律规定的公序良俗。因婚姻问题属于民事法律上的“不告不理”，有些腐败官员就有恃无恐地包养情人和重婚等，这些行为反过来又加重官员进一步利用手中的权力搞腐败做利益交换，损害党的形象。2004 年《处分条例》（试行）从严肃党纪，树立社会正气，强调党员的道德行为受党内法规约束，保证党员的行为要体现先进性等作了规定。2004 年《处分条例》（试行）第 150 条规定：“与他人通奸，造成不良影响的，给予警告或者严重警告处分；情节较重的，给予撤销党内职务或者留党察看处分；情节严重的，给予开除党籍处分。与现役军人的配偶通奸的，依照前款规定从重或者加重处分。重婚或者包养情妇（夫）的，给予开除党籍处分。”

2004 年《处分条例》（试行）不但保留了 1997 年试用版的这一条款，还新增了包养情人的情形。目前，我国法律对于包养情人的情形暂时还无法制裁，2004 年《处分条例》（试行）的规定填补了社会道德和法律无法涉足的真空地带，有利于遏制党员干部的权色交易等腐败行为，从具体问题推进从严治党。2018 年《处分条例》明确禁止权色交易等，遏制干部腐化风气，建立官清政明的干部队伍。

（原载《北京晚报》，2004 年 2 月 19 日）

完善干部制度，用人失察追究推荐者责任

【本文形成背景：党的十六大以来，强调干部队伍建设，北京市根据中央精神，出台了地方党内法规，完善干部选拔、任用、监督等制度。针对北京市干部队伍建设的具体制度设计，《北京晚报》记者对包括笔者在内的多位学者进行了采访，本书整理出版时，笔者在采访内容的基础上，进行了修改和完善，形成了本文。】

选拔优秀人才到领导岗位事关党的队伍建设和国家治理大问题，为保证公正、科学选拔党政干部，2004年前我国制定了《公务员暂行条例》作为选拔干部的依据，但从操作层面看，规定不够细致，北京市选拔干部的新规定，在多方面补充了《公务员暂行条例》的不足。

一、"两书两考"避免任人唯亲

客观公正、科学地选任领导干部是我党一直面临的干部人事制度难题，多年来干部选拔中的公正问题不断受到各方质疑，通过完善选拔程序解决实质公正是解决这个问题的路径之一。2004年2月9日，在北京市组织部长会议上，市委副书记杜德印提出北京市领导干部选拔任用制度改革，改革之一是在干部推荐选拔过程中，开始试行领导干部职位任职资格考评与组织考察，实行考任分离的"两考"制度。"两考"强调了岗位胜任能力和组织纪律的考核、考察，考任分离强化公平。后备干部在公开举荐、自荐的基础上须通过考试和素质测评后才能取得任职资格，然后由组织部门优中择优，对领导干部岗位人选进行差额考察。这项制度对后备干部的考评提出了新的要求，为此，北京市将组建领导人才考试评价中心，实行独立试考，使考评向专业化方向发展。

"领导干部职位任职资格考评与组织考察，实行考任分离"相对于已有的《公务员暂行条例》来说是一个新的提法。"考任分离"可以避免干部任用中的人为因素，从而在最大程度上避免用人失误的出现。以往，选任干部是由组织部门事先拟定人员，再到选人单位去组织考察，考察后进入任命程序，但这样往往不能客观评价一个人的才能。组织部门负责考察，用人单位有选择权，可以在更大程度上避免各种漏洞的出现，避免部分单位提供虚假信息。保证把优秀的专业人才选任到领导岗位，避免外行领导内行，避免裙带关系下的干部推荐误国误民。

二、选拔干部更注重群众监督

北京市2004年年初开启的人才选拔任用制度，从多方面说明北京市的领导干部任用选拔制度化和规范化程度不断加大，选人用人条件越来越标准化，选拔程序越来越规范化、透明化和公正化，加强了群众监督。特别是程序的公开透明，体现了选拔领导干部的过程接受群众参与和群众监督，落实人民主权宪法原则，注重解决在干部人才任用方面长期存在的“唯上是问”“唯上是听”的弊端，力图从制度根源上遏制腐败。而建立一套优越的人才选拔任用制度并实施到位，将是未来干部人事任用从“权力本位”转向“服务本位”的关键要素。这些制度建设不仅涉及党的人才培养问题，在深层上与政治体制改革相联系，也是衡量国家政治文明进步的重要指标。

三、推荐书署名避免任人唯亲

从2004年年初开始，北京市试行的“两书两考”干部任用和聘用制度，形成了推荐领导干部选任工作的制度化和规范化。“两书”要求的职位说明书和干部推荐书，强调工作岗位的业务能力和个人或组织作为推荐人的责任。促进北京市将选择一些有代表性的领导岗位进行调查、分析，然后制定职位说明书，进一步明确规范职位定义、任职资格、职位职责、工作目标等。个人或者组织推荐领导干部人选时，必须写出署名干部推荐书，解决干部选拔是唯贤还是唯亲的问题，署名干部推荐书可以避免推荐人的私心，进一步增强推荐人的责任心。过去，一旦某个干部出现了问题，只追究当事人本身的问题，而干部任用失败的责任却没有人来承担。干部推荐书署名是对干部选拔程序的一种细化，加强了对干部选拔的约束，促使推荐人在推荐干部时要秉承公义，怀有高度的责任心，对自己考察推荐的人选负责。这样可以从源头上杜绝不恰当的任选方式，避免裙带关系，提高公务员的素质，降低干部队伍培养成本。

北京市建立以领导班子、领导干部政绩社会披露制度、用人失察失误责任追究制，以及干部选拔任用工作监督责任制为主的干部选拔任用工作监督制度，不但可以避免干部“带病上岗”，还可以有效遏制集体腐败、避免官官相护，有利于营造良好的政治生态环境，促进有能力的干部勤勉工作，不断提高公共治理能力和治理水平。

对于“后备干部在公开举荐、自荐的基础上须通过考试和素质测评后才能取得任职资格”的规定，表明干部公开推荐体现了民主监督，干部的自我推荐体现了自我评价。两者结合在一起是对干部人选一个比较正确的定位，也能促进公务员的责任心，避免工作中的漏洞。公开推荐实际上隐含了一种政务公开的意思，从而提高行政效能，杜绝推诿、消极懈怠不作为现象。

四、不断拓宽干部“能下”的渠道

针对党政领导干部任职无期限的状况，2004 年北京市除了将研究探索党政领导干部职务任期制，严格执行领导干部到龄退（离）休制度，还将研究探索党政领导干部辞职制度，不断拓宽干部“能下”的渠道。2003 年，北京市共对 5 名不胜任现职的区县局级领导干部进行了调整，并对 10 人进行了诫免谈话。

我国干部队伍“能上不能下”历来是一个问题。“严格执行领导干部到龄退（离）休制度”是要强调干部年轻化，促进干部的上进心。从根本上疏通干部的“出口”，可以有效防止一些干部到了一定年龄自知升迁无望就对工作不求进取。按照党的十九大会议精神的要求，推进干部四化建设。

同时，北京市建立完善的领导干部职数优化配置机制，将领导职数当作一种重要的政治资源，坚持需要优先、兼顾安排，进一步推进干部选拔任用制度的改革，完善调整不称职、不胜任现职干部的制度和方法，推行党政领导干部职务任期制、引咎辞职和责令辞职制度等，既要把最优秀的干部及时配置到最需要的岗位上，又要最大限度地调动和保护各方面干部的积极性，逐步形成能进能出、能上能下、能留能转的机制和局面，建立高素质的干部队伍，提高国家治理能力和治理水平现代化。

（原载《北京晚报》，2004 年 2 月 10 日）

中纪委公报关注教育、拆迁、征地等民生领域问题

【本文形成背景：在2004年全国“两会”召开前夕，中央纪律委员会第十六届第三次全体会议公报将当时社会反映强烈的教育、社保和征地拆迁等领域的腐败问题，纳入纪委重点反腐败工作范围。公告明确了工作操作程序和措施，针对性推进反腐工作，同时也为2004年3月在《宪法》修正案中增加“建立与经济发展水平相适应的社会保障制度”进行了铺垫和准备工作。本书整理出版时，笔者在采访内容的基础上，进行了修改和完善，形成了本文。】

中国开始于20世纪90年代的国企改制、城市拆迁、农村征地和教育竞争等引发的社会资源再配置，由此产生的一些腐败行为，严重损害人民群众的生存权、受教育权等基本权利，社会对此反映强烈，中纪委以这些领域腐败为重点，强调这些领域将成为中纪委监管的重点范围，中纪委第十六届第三次全体会议公告明确反腐措施。

一、六大举措打击党内腐败

2004年1月13日，第十六届中纪委第三次全体会议公报，为推进党风廉政建设和反腐败斗争，推出了六项措施。

第一，加强思想道德和纪律教育，严格执行四大纪律八项要求，促进领导干部廉洁自律。领导干部要严格遵守党的政治纪律、组织纪律、经济工作纪律和群众工作纪律，在党风廉政建设方面遵循以下要求：要同党中央保持高度一致；要遵守民主集中制；要依法行使权力；要廉洁奉公；要管好配偶、子女和身边工作人员；要公道正派用人；要艰苦奋斗；要务实为民。

第二，加大查办案件工作的力度，坚决惩处腐败分子。继续重点查办县（处）级以上领导干部违纪违法案件，特别是违反政治纪律的案件和贪污、受贿、挪用公款的案件。

第三，加强党风政风建设，切实纠正损害群众利益的不正之风。坚决纠正征用土地中侵害农民利益的问题；坚决纠正城镇拆迁中侵害居民利益的问题；坚决纠正企业重组改制和破产中职工合法权益受到侵害的问题；坚决纠正拖欠和克扣农民工工资问题。

第四，拓宽从源头上防治腐败的领域。会议公报提出，要认真贯彻《中华人民共和国行政许可法》（以下简称《行政许可法》），推进财政管理体制改革，深化干部人事制度改革，逐步推行党政领导职务任期制，实行领导干部辞职制度，积极稳妥地推进司法体制改革，解决执法人员违法、司法不公等问题。

第五，认真贯彻《中国共产党党内监督条例》(以下简称《监督条例》)，切实加强对领导干部的监督。

第六，大力支持国有企业改革，充分发挥职工群众民主监督的作用，加强国有企业反腐倡廉工作。国有企业领导人员尤其要做到：不得擅自决策或为个人和亲友谋取私利；不得在招标采购中收受回扣；不得在企业重组改制和破产中损害国家利益和职工合法权益。

二、反腐规定更利于操作

中纪委三中全会公报的规定更加细化，增强了各级纪检部门的可操作性。比如，会议公报指出了中纪委反腐的六个方向，其中在党员干部要遵守的四大纪律八项注意中明确提出：要管好配偶、子女和身边工作人员，不允许他们利用本人的影响牟取私利。这项规定为党员干部在思想上树立反腐预防意识拉响了警钟，因为从法律上讲，如果领导干部对配偶、子女和身边工作人员监管不力的话，领导干部也负有连带责任，执行四大纪律和八项注意可以说为党员干部杜绝腐败创造了良好的环境和氛围。体现了胡锦涛总书记在此次会议上强调的，推进反腐倡廉工作，就要继续坚持标本兼治、惩防并举的工作精神。会议公报还指出，要从源头上拓宽防治腐败的领域，深化政务公开、厂务公开和村务公开。公开是腐败的防腐剂，同时实行“三务”公开也有利于加强民主管理和民主监督，这些规定都能有效地铲除腐败滋生的土壤和条件。

三、反腐维护人民根本利益

中纪委这次全会公报一个鲜明的特色就是体现了共产党作为中国的执政党，时刻代表着广大人民最根本的利益。人民的利益分为长远利益和现实利益，实现全面小康社会是人民的一种长远利益，而中纪委三中全会公报规定体现的则是党对人民现实利益的维护。

教育乱收费问题、医疗服务中的不正之风、公路收费三乱、城市居民在拆迁中和农民在土地征收中出现的问题与老百姓的切身利益息息相关，以往在解决这些问题时，大多是国务院以政令的形式下发各类条例法规，而此次中纪委三次全体会议第一次将这些关系着人民现实利益的问题写进了党的纪检检查会议公报，这也充分显示了新一届中央政府加强党内民主建设、预防治理腐败的决心。

公报特别注重解决老百姓身边的不正之风，要求严肃查处违反规定乱批乱占耕地以及拖欠、截留、挪用土地补偿费用等问题，加强国有企业反腐倡廉工作，坚决纠正企业重组改制和破产中不落实中央有关政策规定，造成职工合法权益受到侵害的问题，这些十分具体的要求充分体现了我党“群众利益无小事”的执政宗旨，并将更加巩固我党在人民群众中的认可和信心。

（原载《北京晚报》，2004 年 1 月 14 日）

第四部分

责任政府与国家治理

公车改革再推行政体制改革

【本文发表背景：党的十八大后，中央提出了“八项规定”，推进全面从严治党，对人民群众反映强烈的“三公”问题，中央决定进行改革，公车改革就是其中之一。《法治周末》约笔者对公车改革问题写篇评论，遂形成了本文。】

2014年7月以来，中共中央办公厅、国务院办公厅先后印发了《关于全面推进公务用车制度改革的指导意见》和《中央和国家机关公务用车制度改革方案》。这两个文件提供了公车改革的具体操作方案，把呼吁多年的公车改革推向了具体实施之路。

一、公车改革直接推动行政体制改革

进行公车改革，不是单纯减少公共财政开支、预防腐败的问题，而是直接关系到行政体制改革的大问题。中国公车改革已经提了很多年，但没有达到预期目标，且引发了新的“拿着车补、用着公车”，公共财政成本更高的问题。这次要保证改革成功，又不降低公共治理能力，必须依法建立长效机制，并形成社会运行的良性状态。

在现实社会中，公车是政府官员身份的象征，公车代表公职人员的职务级别和身份，车成了权力的象征。在一些单位，不同职级的干部配备不同的车；职级相同的人，因为配备不同标准的公车，甚至引发干部之间进行攀比，形成内耗，直接削弱政府公共治理能力和治理效果。

公车作为公职人员身份的象征，同时也拉大了高级别公务人员与一般工作人员之间的距离，不仅弱化了公权力运行中的民主协商意识，还易强化高职级公务人员“一权独大”的现象，不利于公共治理中科学决策、民主决策、依法决策的推进。

公车改革之作用，在于改变公车使用形式的同时，培养高职务级别的公务人员和一般公务人员间的平等意识，拉近领导干部与普通民众之间的距离，克服当前“官本位”带来的弊端，推进政府公共服务意识的形成，提高政府效率，加快服务型政府的建设进程，最终深化行政体制改革。

二、公车改革启动公共财政体制改革

当前我国公共行政经费的支出总额占财政收入的比例高达20%多，如此高的公共财政消耗，暴露出公共财政制度存在的缺陷。公车改革在减少公共财政支出的同时，更为重要的是要启动公共财政体制改革，引导公共财政向透明化、法治化方向发展。

公车改革，大家担心车补会不会成为变相福利。公共财政中的车补支出去了，但拿车补的人还在继续用公车，要避免这种现象的产生，消除民众的疑惑和不信任，就要以公车改革作为公共财政改革的切入点。

首先，依法编制财政预算案，依法规范财政预算案的制定、审议、公示程序，把每一分公共税费收入都纳入预算案，将公共财政纳入人民群众的监督之下，从源头避免“拿着车补用着公车”现象的发生，通过预算案的编制和公开，保证依法使用财政经费，合理配置公共财政资源，避免财政资源的新浪费。

其次，通过编制预算案，加强人民代表大会对公共财政的监督，强化人民作为主人的法律权利的行使。通过人大监督，促进政府合理配置公共财政资源，提高公共财政资源使用效益，推进公共财政制度改革，进而推进行政体制改革。

三、公车改革应提高公共服务水平

本次公务用车改革明确了公车改革的原则，强调通过制度创新，根据实际职责需要，从严配备定向化保障的公务用车。职务级别不是公车改革的唯一标准，公共治理的需要才是公车改革的标准，突出公车改革的目的是提高公共服务水平。公务用车改革要考虑地理环境及车辆正常行驶等问题，不能简单制定统一配车标准，如青藏高原、新疆的克什米尔高原等地区，因气候高寒缺氧，发动机的汽油燃料不能充分转化为机械动能，再加之上坡地势，简单按照平原地区的配车标准，就难以保证这些地区的公务用车能够正常出行，这类地区应该根据实际情况确定大马力、高车体的公务车，以保证出行安全和正常行驶，实现政府的公共治理目的和提高行政效能，保护疆土安全和人民生命、财产权利安全。

总之，公车改革的目的是提高公共财政的有效性，防止公共财政浪费，更好地实现公共治理目标。公车改革必须尊重客观社会治理的需要，只有这样，才能既达到公车改革的目标，又保障各级政府职能部门积极主动履行职责，实现我党执政为民的宗旨。

（原载《法治周末》，2014 年 7 月 24 日）

救灾效能低下必须问责

【本文发表背景：2003年的冬天，我国一些边远地区受灾严重，中央政府及时拨付了救灾资金，但救灾资金到达地方后，有些省市不考虑受灾群众资金需求的急迫性，下发救灾资金速度缓慢，加重了受灾群众摆脱灾情和恢复正常生产、生活的困难。对此，笔者应《新京报》记者的约请，撰写了本文。】

中国传统的节日——春节就要到来，灾区的灾民在等米下锅，但中央政府拨发的救灾资金却迟迟不能到达灾民手中。2004年1月9日，就这一问题，国家民政部又点名批评了下拨救灾资金缓慢的内蒙古、江西、西藏、青海、宁夏5个省和自治区。而在去年的1月3日，国家民政部也曾经点名批评过下拨救灾资金缓慢的地区。

一、完善救灾法律制度，保障救灾物资及时发放

现实社会中，自然灾害每年都会发生，国家会快速发放救灾资金和物品，帮助受灾群众渡过生产、生活难关。但中央政府下拨的救灾物质，常常不能及时发放到群众手中，关系受灾民众温饱生存的民生大事，为什么一再被某些地方政府官员慢待和轻视呢？我们分析主要有以下原因：目前的法律体系，对灾区灾民救灾资金的发放，缺少基本的制度保障；对消极拖延和懈怠发放救灾资金的政府官员的职责没有细致、明确、有效和可操作性强的制度约束，对政府不积极和懈怠履行职责的追究难以落实到具体官员。

要从根本上改变地方政府迟延下拨中央政府救灾资金重复出现的现象，加快和完善政府官员问责制度的建设是解决问题的关键措施之一。

在我们制定未来的《救灾条例》或者《救灾法》时，首先要明确、细化发放救灾资金、物品的政府部门的职责，一定要在制度上做到权责统一，有权力必须有责任，权力受责任的约束和限制。个体公民的权益遭受损害，拥有保护公民该权益的政府权力部门要承担失职责任。在制度建设上，要强调政府工作的行政效能。行政效能的高低是评判政府行为适当与否的一个重要标准。面对缺衣少食的灾民，政府救助行动迟缓、拖延履行职责，超过一定的时间限度，就必须承担相应的法律责任。

二、强调救灾的时效性

灾难发生后，对灾区灾民的救济有着极强的时间性，超过一定的时间，政府发放的救灾资金、物品的救助性就会大打折扣甚至失效，对灾民生命和健康的损害难以逆转。在制定未来的《救灾条例》或者《救灾法》时，这应该是重点设计的法律制度内容之一。救灾资金、物品发放的时间应该细化到具体的天数甚至小时，通过明确发放的时间标准，一般有正常生活常识的公民就可以判定政府履行职责的状况，从而保障实际的可操作性，避免抽象性、原则性和规则性的要求导致的操作程序不清晰、操作方式不明确引发的延迟发放救灾资金和物品的问题，避免在程序设计上出现不能具体落实政府责任现象，为官员不履职提供借口。

三、完善法律加强追究不履职官员的责任

中央政策和国家法律法规的实施，主要通过基层一线干部向人民群众传达和落实。为保证中央政策的贯彻落实，特别对拖延发放救灾资金和物质的行为，要依法明确责任追究制，以此杜绝官员不正确和不及时履行政府职责时，形成可以免于承担责任的侥幸心态。通过完善不及时救灾承担法律责任的制度设计，促使各层面的政府官员形成为民服务的责任意识和效能意识，使权力和责任真正统一。依法明确对握着国家权力的政府官员不履行责任的行为，必须是可问责的，且

通过可操作的法定程序对不作为官员的问责可以得到落实，加大对不履行职责官员的法律和制度的威慑力。

（原载《新京报》，2004年1月11日）

审批环节减少，行政许可法给百姓更多实惠

【本文形成背景：2003年《中华人民共和国行政许可法》（以下简称《行政许可法》）颁布，社会对该法的实施寄予厚望，希望通过该法的实施，限制行政权的滥用，更好地保护公民合法权益。《北京晚报》对此采访了笔者，本文是在专访基础上形成的。】

2004年7月1日，酝酿了三年的《行政许可法》即将实施。这部被法律专家称为“迄今为止对中国老百姓日常生活影响最为广泛的法律之一”的《行政许可法》，会给百姓生活带来以下的变化：

一、审批环节减少，省事

《行政许可法》是近年来我国最重要的立法成果，该法的正式实施标志着我国政府职能从“管理型”向“服务型”的转变，这是一场政府

的“自我革命”，该法的实施将给百姓带来更多的便利和实惠，特别是和公民权益紧密相关的一些授益性行政行为将受到本法监督。

以往，各行政部门为了自己的利益，常常滥设审批程序，以至于说到行政审批，人们就会想到一个个图章，图章数量的多少已经成了审批难易程度的“晴雨表”：在有的地方，开办一个批发市场要112个章；开发一个房地产项目要80多个章；办一个养鸡场竟要270多个章……而《行政许可法》实施后，审批必须依法进行，国务院明确列出需要进行审批的项目规定，以期减少和杜绝滥设审批项目、程序、措施的问题。截至2004年4月前，国务院已经分三批，共取消和调整了1795项行政审批，大大降低了百姓办理项目审批的时间和经济成本。根据《行政许可法》的规定，各行政部门在办理审批手续时都必须公开。百姓有权了解审批过程的具体情况，百姓对于审批过程有异议的，可以要求举行听证会，以此保障公民权利的实现和促使行政机关提高工作效能。

二、明确审批20天内答复，提高效率

根据《行政许可法》所确立的便民原则，行政机关接到公民、社会组织或第三方的申请许可书后，再也不能“一拖了事”，能“拍板”的应当场“拍板”，不能当场决定的，行政机关应当在受理行政许可申请之日起20日内作出行政许可决定。针对以往在行政审批中出现的久拖不决现象，《行政许可法》规定，行政部门对百姓提出的审批申请必须在20天之内给出明确的答复，以此保障公民合法权益的实现。

三、一次性告知程序，落实便民原则

《行政许可法》实施之前，公民办理户口迁移、婚姻登记和其他审批手续，都有过这样的体验：每次到行政机关递交申请许可书后，通常会被告知材料不全或者材料不对，不一次说明，迫使公民不断补充完善材料，同一件事情的多份材料公民反复多次跑往行政许可部门提交，常常是跑得疲惫不堪才能把审批手续办下来。这加大了公民生活、工作、学习等成本，也浪费了行政资源，从行政法的便民原则考虑，《行政许可法》规定，百姓在办理审批手续时，行政机关必须当场或在5日内一次性告知百姓还缺乏的手续或资料，逾期不告知者即可被视为受理。如果行政机关没有一次性告知申请人所需材料，申请人可以采取法律手段进行行政复议或者向人民法院提起行政诉讼，要求行政机关批准许可，促使行政机关依法履行职责，保护公民许可权利的实现。

四、杜绝审批谋利腐败行为

《行政许可法》的规定将有效制止当前有些部门和个人利用手中行政审批权力寻租牟利的腐败行为。《行政许可法》杜绝了利用行政审批本身牟利的途径，该法第58条规定，行政机关实施行政许可和对行政许可事项进行监督检查，不得收取任何费用。行政机关提供行政许可申请书格式文本，不得收费。这意味着2003年7月1日后，公民在行政机关填表申请审批事项时，已经没有买表格一说，如果有人向行政许可申请人索要表格“工本费”，对这种违法行为公民可以毫不犹豫地拒付。按照《行政许可法》的规定，老百姓不必再为所谓的“工本”“埋单”。从行政法治理论上讲，行政许可本是行政事务，公共财政已经支付了行政管理的所有成本，如果行政机关对实施的行政管理活动向公民收费，没有法律依据，属于乱收费。

《行政许可法》实施17年来，实际并没有达到立法时的预期目的。中国语言的丰富，有些行政机关在面对公民行政许可申请时，玩文字游戏，将审批、许可改为备案、登记、检查等。而对这些行为又不在行政复议和行政诉讼的范围内，导致在实践中，行政审批事项一定程度上换汤不换药，未能实现行政许可法的立法意图，行政审批改革一直是中国行政改革的重要内容。

（原载《北京晚报》，2004年6月29日）

《全面推进依法行政实施纲要》建立健全责任追究制度

【本文形成背景：2004年国务院印发《全面推进依法行政实施纲要》，提出用10年时间建成法治政府，对政府工作人员不依法行政的行为加大问责。《北京晚报》就此对笔者进行了专访，本文是在采访稿的基础上形成的。】

2004年4月20日，新华社全文播发了国务院印发的《全面推进依法行政实施纲要》(以下简称《实施纲要》)。《实施纲要》在3月16日由国务院第43次常务会议审议通过，全文规定了11个方面的内容，共42条。《实施纲要》明确提出，要经过十年左右坚持不懈的努力，基本实现建设法治政府的目标。

《实施纲要》中特意提到，要建立健全决策跟踪反馈和责任追究制度。要求行政机关确定机构和人员，定期对决策的执行情况进行跟踪与反馈，并适时调整和完善有关决策。要加强对决策活动的监督，完善行政决策的监督制度和机制，明确监督主体、监督内容、监督对象、监督程序和监督方式。要按照“谁决策、谁负责”的原则，建立健全决策责任追究制度，实现决策权和决策责任相统一。

一、问责制走向制度化

政府依法行政很重要的一条就是政府应该是能够接受人民问责的政府。建设法治政府，首先要求公务员依法行政，积极履行职责，对不依法行政的职务行为，要建立和完善公务员问责制、引咎辞职制度等，防止权力滥用和懈怠履行职责，损害公共利益和公民私人利益。

建立和完善问责制不仅意味着出了事官员要引咎辞职，而且可以对那些平平庸庸、百姓不满意的官员，长期推诿不作为的官员，责令其辞职，直至免职。要建设法治政府，行政机关工作人员依法履职是核心内容，对不依法履行职责的现象，通过问责制，督促各级政府官员提高公共服务意识和法治意识，提升政治文明，发展民主政治，加快建设法治社会。掌握着国家权力的党政官员必须是可问责的，可追究的。

建设法治政府，关键要保障政府依法行政，对不依法履行职责的行为，不从问责入手，就难以真正整肃吏治，也就难以落实“执政为民、权为民用”的理念，当年中国新一届领导人显然已经看到了这一点。所以，温家宝总理一再强调“有权必有责、用权受监督、侵权要赔偿”。

《实施纲要》，也强调依法行政最后要落实到官员的责任追究上，体现权责相统一。这表明，中国在“非典”危机中启动的官员问责制，从非常时期的非常措施走上了制度化的轨道。到党的十九届四中全会后，通过一系列党内法规和国家法律，问责制依据已制度化、法治化。

二、体现新的施政理念

《实施纲要》确立的“可问责政府”和“执政为民”的理念长期以来在中国的行政改革中得到全面推行，促进了中国政府的行政改革。《实施纲要》关于决策权和决策责任的规定对于官员明确自身责任、普及执政为民、责权统一的官场任职价值理念大有助益。

《实施纲要》提出的建设法治政府的目标，要求官员任职理念从“官本位”必须真正扭转到“民本位”，将国家的立法意图真正变为现实中人们自觉遵守的准绳，这需要一个过程。而令人欣慰的是，从党的十六大报告到2004年的《中国共产党党内监督条例（试行）》，到《实施纲要》，这个理念普及的过程已经开始了，党的十八大以来这个理念不断得到强化，“以民为本”和“人民至上”的思想理念深入党的各项工作中，国家发展和治理围绕“人民至上”展开。

从治国理论上讲，如果官员能够普遍认同“政府的一切权力都是人民赋予的”，“只有人民监督政府，政府才不会懈怠”，依法行政成为官员们发自内心深处的一种自觉行为，国家权力的运行也将进入法治轨道，展开良性的循环。

（原载《北京晚报》，2004年4月21日）

温总理指出政治体制改革当前三重点

【本文形成背景：2009年3月全国“两会”期间，温家宝总理在记者招待会上，提出了政治体制改革的三个重点内容，《第一财经日报》记者就这些提法找专家进行了采访。本书整理出版时，笔者在采访内容的基础上，进行补充修改形成本文。】

每年“两会”期间的总理答记者问的新闻发布会，都是社会关注的热点内容。2009年3月13日，两会期间，国务院总理温家宝在记者招待会上回答记者提问时强调，要积极推进政治体制改革。“在当前最重要的是三个方面：一是要发展社会主义民主政治，保障人民的自由和权利；二是推进司法体制改革，促进社会公平正义；三是加强各方面的监督，使政府的行政运转依法进行，并置于监督之下。”温总理指出的三个方面，在内容上紧密联系、环环相扣、相辅相成，是我国政治体制改革的关键点，民主自由和权利必须是有秩序的，是在法治轨道上的民主自由和权利，离开法治，民主会成为民粹，权利和自由也不能实现，只有做到法治下的有秩序，权力依法运行，才能实现社会公平和正义。而要保证权力依法运行，加强对权力的监督是基本路径。

一、发展社会主义民主政治两个基本问题

就推进改革的具体工作而言，民主政治的实现需要加强两个方面的工作：一是建设民主化的操作程序。民主是多数人发表意见并得到实现的过程，要让民主发挥人们期待的作用，必须建立一套程序机制保证民主有序开展，防范民主的暴力，才能实现民主的目的。二是逐步形成民主政治氛围等软环境。良好的软环境在某种程度上比制度更重要。软环境会形成文化土壤，对人发生潜移默化的影响，作用于人的是非观、价值观。民主环境能够提高公民的民主政治素质和促进一定地区和范围的民主政治发展。

二、改革的关键是提高官员思想理念

推进政治体制改革最大的困难其实在于人的理念问题，无论发展社会主义民主政治，还是建立监督机制，都需要通过政府来推进。而政府各级官员从思想深处接受改革，才能推进改革把各项制度落到实处。近年来，司法腐败，引发对司法体制改革的呼吁，两会间“两高”报告接受审议时质询声音颇高。2004 年 3 月 12 日，全国政协委员、深

圳市司法局副局长钟晓渝在审议过程中就提出，司法人员违法犯罪，说明不光是法官职业道德不高、经不住诱惑等问题，而是司法体制出了问题，应该着手改革司法体制来解决司法不公的问题。笔者认同这个观点，根据笔者在地方法院做法官的从业经验看，当前要推进的司法改革应秉承科学的法治理念和正当程序理念。在案件的审理过程中，预防腐败最好的办法在于公开，除合议庭合议等过程外，其他所有的程序，特别是庭审过程都要公开。在庭审中，通过各方陈述、辩论等案件是非曲直就有基本判定。如果法官的判决违背社会主流的道德观、是非观，案件裁判结果就值得推敲了。司法体制改革，要从细节上做到符合立法意图，对细节的公开和监督，可以促进司法公正的实现。

（原载《第一财经日报》，2009 年 3 月 14 日）

地厅级干部2005年起接受审计

【本文形成背景：2004年3月全国“两会”期间，时任国家审计署署长李金华向全国人民代表大会报告工作时提到，通过审计发现了一些重大问题。社会高度关注审计发现的问题的后续处理，以及制度上将怎么完善，以防范再发生类似问题。建立地厅级官员离任审计制度，可以说是对当年国家审计署加强审计工作导向的回应。本文在采访稿的基础上修改而成。】

国家审计署有关人士于2004年11月25日向媒体证实，审计署已制定完成全国经济责任审计的统一法规。全国经济责任审计的统一法规确定了经济审计责任工作的法律地位，推进了审计工作的法治化程度。与此同时，解放军审计署自行拟订的《军队领导干部经济责任审计规定》在参考审计署制定的全国经济责任审计的统一法规后，也已经中央军委批准，于近日颁布。这两部中央政府和军方审计法规的出台，从多方面推进了全国的审计工作。

一、依法扩大了经济责任审计范围

全国经济责任审计的统一法规和《军队领导干部经济责任审计规定》两个法规的颁布，意味着从2005年1月1日起，地方厅处级领导干部、军队团以上单位和机关部门负有经济责任的领导干部，都将按规定接受有关部门的审计。新规颁布前，我国审计机关对领导干部的经济责任审计工作主要依据1999年中办、国办的两个暂行规定开展，干部经济责任审计的对象主要是县级以下干部。新审计法规实施后审计范围从县级领导干部扩大到地厅级干部，所监督干部级别的提高，直接带来监督权限范围的扩大，审计资金量也会扩大。地厅一级干部覆盖了全国主要中层政权，这个层级监督好了，将会促进对基层和高层干部的监督。有助于提高财政资金使用效率，强化领导干部经济责任意识。审计范围扩大，投入的审计力量也必然加大，会造成行政成本的提高，但与通过审计堵住的资金漏洞相比，这种投入是值得的，从行政法的比例原则看，审计工作最终的社会收益大于审计成本的投入。

二、加强军队领导干部经济责任审计提高国防安全

这次针对军队系统专门出台的《军队领导干部经济责任审计规定》，由解放军审计署自行拟订，出台前曾参考审计署正在制定的全国经济责

任审计统一法规，从内容和立法技术上都依照国家法律设计，该规定建立了军队经济责任审计制度，使军队审计和地方审计完全分开，明确在军委领导下由专门的解放军审计署承担军队审计工作，加强军队资金的依法审计。军队资金事关国防基础设施建设、武器装备研发和战士供养等，依法加强和改进军队领导干部经济责任审计工作，强化对权力运行制约和监督，对于确保军队领导干部依法行使经济权力，切实把权力关进制度的笼子里，推动军队作风纪律建设和反腐倡廉建设，保证资金用到国防建设和发展上，加大依法治军、从严治军力度，对保证国防安全、提升国防安全意义重大。

2014 年 10 月，中央军委修订了《军队领导干部经济责任审计规定》，从多方面完善了军队领导干部经济责任审计制度，进一步强化和巩固国防安全。新的军队干部经济责任审计规定，一是细化了审计对象和范围。将军队领导干部划分为单位领导干部、机关领导干部、部门领导干部、总部机关局长和大单位机关处长、事业单位和保障性企业负责人、临时机构负责人六个类型，分别制定了审计评价标准，责任清晰，监督到位。二是调整了审计责任种类，确定责任区分情形。领导干部承担的责任由原来的直接责任、领导责任两种，调整为直接责任、主管责任、领导责任三种，并明确根据不同情形确定责任种类，还特别强调党委会、办公会研究经济事项时，会议召集主持人在多数人不同意的情况下直接决定或者批准的，应当承担直接责任。三是调整评价等级。将原来的好、较好、一般、差四个等次，调整为优秀、称职、不称职三个等次，与干部考核评价等次相一致，将审计评价结果与干部考核机制挂钩，形成对各级领导干部的约束机制。四是增加了审计评价的刚性指标，对领导干部在任期内决策失误造成损失浪费、超预算支出等，单位本级违规违纪问题数额较大且负有直接责任的，以及本级发生财经违纪违法案件的，有一种情形则不得评价为优秀；对截留、挪用、克扣经费，擅自调整改变经费用途，超计划搞工程建设，擅自转让军队房地产等违规违纪金额达到规定比例的，有一种情形则评价为不称职。五是调整了审计报告形成、救济和监督程序。审计组应将审计发现的问题和审计意见，书面告知被审计领导干部及其所在单位，督促抓好整改，依据整改情况，最后形成审计报告上交有关部门。新增审计报告复查复核救济制度。被审计领导干部或者其所在单位对审计报告有异议的，可以向原审计部门书面申请复查；对复查决定仍有异议的，可以向上一级审计部门申请复核。上级审计部门对下一级审计部门报送的审计报告要进行复议，对问题定性处理、评价等次确定不符合规定的，应当责令纠正。上级审计部门根据工作需要，可以在下级审计部门组织实施审计时，对落实审计程序、执行评价标准、问题定性处理等情况进行监督指导。六是明确了审计结果的处置制度，包括审计移送制度、审计处罚制度、审计约谈制度等。

三、“先离后审”制度导致监督滞后

现行经济责任审计制度，主要采取“先离后审”的事后监督机制。在领导干部离任后，对其在任期间的经济履职情况进行审计，因审计对象不在现场会给审计工作造成一定困难，不利于及时发现问题，造成审计工作的迟缓和滞后，不能提前防范风险与损失。再加之经济责任审计对象自身权责的复杂性，也给审计工作带来了新问题，如一些集团型国企的子公司众多，每级公司多有独立经营权，且集团内部子公司的领导成员之间调动频率高，在调离后审计，原来岗位的问题还没有审计清楚，可能在新的岗位又出现同样的经济问题。“先离后审”不能发挥应有的预防监督，同时仅审计集团公司的“一把手”，难以覆盖应有的审计对象，如果扩大领导层面干部的审计范围，审计力量不足，会延长审计工作时间，推迟审计报告的形成，审计的事后监督功能也会延后，这些都不利于及时纠正和挽回党政领导经济责任造成的损失。

（原载《新京报》，2004 年 11 月 26 日）

行政改革：在稳健中坚实前行

【本文形成背景：时值邓小平同志诞辰纪念日。为纪念邓小平同志对中国行政体制改革作出的伟大贡献，《新京报》计划出专刊纪念邓小平同志，便约请笔者就中国行政体制的改革问题写一篇评论文章，但后来以采访的形式将文章拆分多个部分刊发的，本书出版时笔者在原文的基础上进行了修改形成了本文。】

进入20世纪80年代，我国关于政治体制改革的呼声非常高，社会对政治改革有一种美好的憧憬，都有一种“时不我待”的急切。在此种情形下邓小平采取了一种稳健的改革思路，影响着中国的政治改革进程。而作为政治改革重要组成部分的行政改革也遵循着这种稳健的思路，稳步推进改革，保证了中国社会的稳定和持续快速发展。

一、行政改革

从1982年我国开始启动政治体制改革，其中以行政体制改革为标志，每次改革都力图推进政府精简机构，提高行政效率，转变政府作风，提高公共服务水平。但又必然触及一些既得利益者的利益，改革面临的困难重重。邓小平同志1986年会见日本公明党委员长竹入义胜时的谈话指出“政治体制改革的内容现在还在讨论。这个问题太困难，每项改革涉及的人和事都很广泛、很深刻，触及许多人的利益，会遇到很多的障碍，需要审慎从事。我们首先要确定政治体制改革的范围，弄清从哪里着手。要先从一两件事上着手，不能一下子大干，那样就乱了”。[①] 我国的行政机构改革遵循的这一基本思想，每次改革都事先制订改革方案，确立机构调整的具体内容和机构事权，以事权决定机构设置，有序消化人浮于事，机构臃肿问题。我国30多年实施的8次行政改革一直坚持两件大事，精简机构与合并下放事权。

二、从“大”政府到“小”政府

由于种种原因，我国形成了数目庞大的公务员队伍，为官僚主义的滋生提供了土壤。改革开放以后，这样庞大的队伍成了社会发展的包袱。1982年，邓小平发表了“精简机构是一场革命”的讲话，建立

① 《1986年9月—10月关于政治体制改革问题》https://www.cctv.com/special/756/1/50230.html。

一个精干高效的政府一直是他的梦想。当时，我国行政单位人员人数已达4500万，其中，庞大的乡镇政府人员占了很大的比重，乡镇政府膨胀直接导致农民的负担居高不下，在收农业税时，以收税的名义，让农民承担了各种各样的税与费，即使这样乡镇政府仍然是行政经费严重不足。对此，邓小平下定决心要向庞大的官僚体制开刀，机构改革大幕随即拉开。

截至2018年，从中央到地方进行了连续8轮机构改革，不但人员大幅精简，有些地方还痛下决心"砍"掉了一些政府部门，每次机构精简后，机关冗员的现象确实都有所缓解，但是这样的成果却难以长期保持，公务员队伍很快又出现膨胀，行政改革陷入了精简—膨胀—再精简—再膨胀的怪圈。为突破行政改革的困境，每一代领导人都不断进行新的摸索，以"转换政府职能"推动机构改革的思路开始形成；加入WTO后，改革思路清晰起来，政府大幅度削减行政审批，精简政府事权，提高行政效率。政府自我革命，不断精简机构，建设一个精干、高效的现代政府的轮廓清晰起来。

三、从神秘政府到透明政府

2003年的"非典"疫情使得信息公开成了时代的流行语。"非典"之祸凸显出建设透明政府的紧迫性和重要性。此后的一个个案例再次表明，信息的公开透明不仅是对公民权利的尊重，更为公民参与国家管理创造了条件，此外，它对于维护社会稳定也具有不可忽视的作用。政府信息公开是指政府机关依照法定程序，以法定形式公开与社会成员利益相关的所有信息，并允许公众通过查询、阅览、复制、摘录、收听、观看、下载等形式充分利用政府所掌握的信息的行为与制度。2003 年以来，各地纷纷出台了关于政府信息公开的条例、规定，而前不久，中央书记处书记、全国政务公开领导小组组长何勇对外界表示，“只要不属于党和国家机密，都要向社会公开”。从这些可看出中央推进信息公开、打造透明政府的决心。特别是随着我国加入 WTO，政府信息公开，营造公平竞争市场，也是我国政府对世界的承诺，在这样的时代背景下，2008 年 5 月我国《政府信息公开条例》实施，政府信息公开依法明确。信息公开也推进了科学民主决策。2003 年 3 月通过的《国务院工作规则》，强调了政府工作的三项基本准则：实行科学民主决策、坚持依法行政、加强行政监督。科学民主决策列在三项基本准则之首。民主性和科学性加大的同时，也能提高决策的正确性。政府听取专家和技术人员的意见后再作决策，就使得决策更加科学。

四、从全能政府到有限政府

行政改革，在转变、简化政府职能的同时，强调从“全能政府”向“有限政府”“服务型政府”的转变。建设服务型政府是政府履行宏观调控职能、节省财政投入、减少行政干预的一种有效途径。提到有限政府，人们总把思维停留在经济领域，认为就是减少项目审批，减少政府经济管理部门的改革，这其实是一种误读。全能政府，不仅意味政府对市场经济领域的大量管制，更意味着对社会各个领域的全面介入，对公民政府包揽了“从摇篮到坟墓”的全过程，对社会政府兜底一切。所以，要建设有限政府，就需要国家权力从社会领域有序退出，培养社会自我管理、自我服务的能力。行政体制改革正逐渐从这些领域展开，首先是国家权力开始退出私人领域，尊重公民基本权利，公民行为的可行性和自由度越来越高，典型的就是婚检取消，国家越来越尊重公民自由选择的权利。其次是民间组织开始兴起，国家开始重视民间组织在国家治理中的作用，各地纷纷要求官员从民间组织退出，红顶商人退位，一些民间组织开始直选，有的地方政府还在扶贫、艾滋防治等领域与民间组织进行合作，扩大社会对公共事务的参与度，发挥了社会力量，管理公共事务，政府不再一家独大。未来，当国家权力承认自己能力有限时，社会的内在活力将得到释放，公民参与社会事务的范畴和深度将不断扩大，政府不再包揽天下，“有限政府”的基本原则是，政府干不好的事不要干，干不了的事也不要干，社会和政府都能干而且能干得一样好的事，政府也不要干。有法律依据的可以做，没有法律依据的则不能做。贯彻依法治国思想，促使各级政府加快成为有限政府。

五、行政改革的未来走向

今后行政改革的走向：首先，要建立专门的行政执行性机构，做到政策制定和政策调整与执行分离。要将分散到各部门的行政决策权相对集中于本级政府和及其组成部门（中央）或本级政府及其综合部门，保证行政改革的一致性。其次，要明确中央政府与地方政府的职能范围。中央负责宏观调控、经济决策；地方负责执行具体事务。比如，公共事务管理，中央只负责制定政策，不要再介入具体管理事务。像由教育部直接管理的大学、由卫生部直接管理的医院，都应该逐步交给地方管理。最后，扩大公民参与，通过建立各种便捷的程序和方式，让广大公民参与行政决策和行政管理，促进国家民主管理。通过行政民主化、行政公开化，使公众参与决策的民主要求得到释放，促进决策的民主化、科学化。

（原载《新京报》，2004 年 8 月 20 日）

领导干部引咎辞职有规范

【本文形成背景：2004年4月8日中央公布和实施党内法规《党政领导干部辞职暂行规定》，对这部党内法规实施后的价值、作用和可能产生的社会效果，《新京报》记者采访了多位学者，本文在笔者受访内容上补充完善而成。】

自党的十六大后，中央先后出台了一系列党内法规加强干部队伍建设，提高党的执政能力。《党政领导干部辞职暂行规定》（以下简称《暂行规定》）的公布和实施，打破了干部无为、无责、无过安稳到期卸任状态，完善了干部问责制，体现新执政理念。《暂行规定》明确指出："党政领导干部因工作严重失误、失职造成重大损失或恶劣影响，或者对重大事故负有重要领导责任等，不宜再担任现职，本人应当引咎辞去现任领导职务。"《暂行规定》详细列举了九种应该引咎辞职的情形，推进执政能力建设。

一、官员引咎辞职体现新的执政理念

长期以来，我们的干部队伍，特别是领导干部，无论是否胜任本职工作及履职的社会成效差强人意，都只能上，不能下，严重延误一地区的社会经济发展或政府公共行政目标不能实现，引发人民群众对公共治理严重不满。基于此，我党开始改革这种消极履职的制度设计，酝酿制定《暂行规定》，意欲解决干部队伍的懈怠、拖延、不作为问题。2004 年年初连续发生的三起特大安全责任事故，促使原中国石油天然气集团公司总经理马富才、北京市原密云县县长张文、原吉林市市长刚占标三人引咎辞职，引起社会广泛关注。这体现了中国共产党“取信于民，为民服务”的执政理念。且从党内法规的层面要求党政干部积极作为。虽然我国行政诉讼法已经规定了对政府的不适当、过错行为要进行追究，但需要利益受到损害的人民群众提起，当利益受损人不是很明确或难以界定时，提起行政诉讼的原告资格难以确定。而《暂行规定》这次规定的 9 种引咎辞职情形，只要有这些情形之一，就要承担党法责任，引咎辞职。虽然我国的引咎辞职制度，还没有达到成熟的程度，但走向制度化只是一个时间过程。2004 年年初的三起事故责任人的引咎辞职开启了中国政府问责制的良好序幕。全面推进依法行政，按照法律规定界定政府职能是基本要求。

二、引咎辞职落实政府责任制

引咎辞职是政府问责制的一种表现形式。政府问责制是指经过民主选举的法定程序进入国家机构领导岗位的官员，因主、客观过错责任或无过错责任，在任职期间给国家和社会造成损失或不良社会影响，需要承担责任的制度。引咎辞职一般是官员自己认为有过错或过失，导致公共利益损失，自我觉得愧对社会公众、组织和选民，而主动申请辞去领导岗位职务的行为。《暂行规定》第15条规定的九种引咎辞职情形，涵括了领导干部在应对群体性事件、突发事件、抗灾救灾、环境保护、安全事故、市场监管、决策失误造成重大经济损失、用人失察及对身边工作人员、配偶亲属疏于管理的违纪违法行为，造成恶劣影响等有领导责任。免职是上级机关的意图，引咎辞职则是官员自律、自纠的担责方式，表现为官员主动承担了政治责任和社会责任。

三、引咎辞职促进人事制度改革

引咎辞职制度的建立可以对国家人事制度改革产生积极的推动作用。目前，我国的人事制度改革都是从外部着手的，这种改革带有消极性，而引咎辞职的推行，会促进国家机关工作人员任职理念的转变。作为领导干部不仅要主动履职而且要正当履职，避免因不正当履职造成的公共利益损失，或者由于不主动履职，间接造成公共利益损失或者恶劣社会影响。这就要求干部在履职过程中，要不断提升工作能力，职务行为要基于公心，履职过程中善于听取各方面意见，避免用人唯亲。这将改变干部干与不干差别不大的状况，推进干部队伍改革，提升国家治理能力和治理水平。

（原载《新京报》，2004 年 4 月 21 日）

后 记

时光如白驹过隙，到中央党校工作已17年。在中央党校工作的17年，作为一个法学人，坚持法治思维，在教学中坚持理论联系实际，坚持正确的学术观点，不讲空话、假话。中央党校作为一个专门培养党的中高级领导干部的机构，教师在教学过程中和来自中央、地方党政部门学员接触的同时，如果学术观点得到学员认同，就能获得更多地参与国家和地方政府制定、评估公共政策的机会，可以将自己的学术观点转化到国家、地方的公共治理活动中，实现理论为实践服务的目的。教师在授课中把自己的学术观点讲出来，被部分学员接受、认同，并运用到具体执政和国家治理活动中，实现学术研究服务实践的社会价值。党校学员作为国家和地方党政部门的领导者，绝大多数人都希望通过党校学习，提升自己，这就要求老师不要把学员看成领导干部，要认真对待学员交来的作业、论文等。通过指导学员论文，帮助学员掌握学术理论和提高论文水平。

中央党校的教学方针——“教学相长”，在教学中，通过学员介绍现实问题，也给教师很多思路，本书中的多篇文章就受益于和学员的交流。笔者在中央党校讲授法治课，如加强宪法实施、提高领导干部依法行政能力、网络突发事件应对、加强法治思维等。授课中，强调法治精神、法治思维，强调规范政府公权力、限制干部手中权力，保障公民合法权益等基本观点。回顾党校工作的17年，可以说坚持正确的政治立场和学术观点，最终是教与学共同提高。本书收集的文章多是谈问题、讲对策的，有的文章虽然是10年前写的，但现在看来内容并不过时，如笔者于2009年2月写的《官员要学会从网上听取意见》，后被网友改为《刘素华：官员用公权力打击网上不利言论属违法》，一直在网上传播，2020年春节前后，多位朋友转给我网上传播的这篇文章，且在传播的过程中，网友前后添加了一些内容，已经不能让读者确定哪些是笔者写的，哪些是网友添加的。笔者想把文章的原貌展现给大家，这也是促使笔者整理出版本书的原因之一。

2019年暑假开始整理本书的文稿，在最初的整理工作中得到政法部同事李红书记的帮助，她审阅了本书第一稿，并提议可以根据文稿内容分组编辑。文稿调整后李红书记又帮助审阅了本书的第二稿，并提出了一些专业性建议，在本书付梓时，她再次对书名、前言、后记的表述、句式提出了修改建议，在此向她表示真诚的谢意。在本书出版过程中，特别感谢中国法制出版社的责任编辑潘孝莉女士，从本书文章的选定、文中措辞的修改、版面设计、书名选定到最后定稿，都怀着高度的责任心，多次和笔者沟通，精益求精，推敲文稿，终将本书呈现给大家。整理本书文稿和确定书名时，中央党校副教育长卓泽渊教授提出了专业与学理性修改建议，在此感谢他的帮助！最后感谢山东大学法学院刘欣同学、中央党校（国家行政学院）政法部研究生郭晓丽同学在2020年的寒假期间和本书定稿前帮助校对了本书文稿。

2020年年初，是一个不能忘记的寒假，一场新型冠状病毒肺炎疫情突然袭来，打乱了人们的工作、学习和生活。在党中央的坚强领导下，举国上下勠力同心，经过艰苦卓绝的努力，战胜了疫情，社会秩序也在逐步恢复。在疫情面前，国家治理能力经受了全面考验。在经历了这场史无前例的疫情抗击全过程后，也让我们再次深深思考，推进国家治理体系和治理能力现代化任重道远。

在这样不平静的心绪中整理完本书的文稿，对其中有些篇章又有所思。

2020年4月25日

于北京　大有北里

图书在版编目（CIP）数据

规则唯治思 / 刘素华著 . —北京：中国法制出版社，2020.9
ISBN 978-7-5216-1302-5

Ⅰ . ①规… Ⅱ . ①刘… Ⅲ . ①社会主义法治 - 建设 - 中国 - 文集
Ⅳ . ① D920.0-53

中国版本图书馆 CIP 数据核字（2020）第 184328 号

策划编辑：潘孝莉（editorwendy@126.com）
责任编辑：潘孝莉　陆伶楠　　封面设计：汪要军

规则唯治思
GUIZE WEI ZHI SI
著者 / 刘素华
经销 / 新华书店
印刷 / 人民日报印刷厂
开本 / 710 毫米 ×1000 毫米　16 开　　印张 / 15.25　字数 / 171 千
版次 / 2020 年 9 月第 1 版　　2021 年 1 月第 2 次印刷

中国法制出版社出版
书号 ISBN 978-7-5216-1302-5　　定价：59.00 元

值班电话：010-66026508
北京西单横二条 2 号　邮政编码 100031　　传真：010-66031119
网址：http://www.zgfzs.com　　**编辑部电话：010-66073673**
市场营销部电话：010-66033393　　**邮购部电话：010-66033288**
（如有印装质量问题，请与本社印务部联系调换。电话：010-66032926）